剣道極意授けます

剣道極意授けます／目次

剣道極意授けます

小林三留の よそでは聞けない 冴えのある打ち方

あなたの打突には冴えがない。繰り返される指摘と、頭を悩ます日々。打突に冴えを生み出すにはどうすればよいのか。全剣道家が抱えていると言っても過言ではないこの悩みに、剣道名人戦の明治村剣道大会優勝二回、小林三留範士が答えを出す――。

小林三留範士

こばやし・みつる／昭和十二年岡山県生まれ。岡山県立鏡野高校を卒業後、大阪府警へと進む。現役時代には、全日本選手権大会三位、世界選手権大会団体・個人優勝、全国警察官大会団体・個人優勝など、輝かしい活躍を遂げる。八段昇段後、明治村剣道大会で二度の優勝。名実そろった比類なき剣道家である。剣道範士八段。

三つの運動が冴えを生み出す

打突に「冴え」を生み出すにはどうすればよいのか。これは剣道家が生涯を賭して追い求めていかねばならない命題だと考えます。かくいう私も、この冴えを生み出すための努力を長年にわたって続けてまいりました。

そもそも、冴えとはいったい何を指すのでしょうか。冴えは一般的に手の内の作用のことだと思われている方が多いようです。しかし、その答えは正解ではありますが、満点ではありません。冴えを生み出すためには、手の内のほかにも留意する点が多く存在します。

簡単な例を挙げてみれば、身体が止まった状態から手だけをつかって冴えのある打ちを出そうと思っても、なかなかできるものではありません。冴えのある打突には、手の内だけでなく身体の冴えも必要不可欠なのです。剣道ではよく気剣体の一致が大事であると言われます。これはまさしく本当のことで、ここを求めて稽古をすれば、自然と冴えのある打突が出るようになるはずです。

とはいえ、気剣体の一致した冴えのある打突は、剣道における最大目標といっても過言ではありません。それをただ稽古するだけで修得できるとは少々横柄な物言いになってしまいますから、私がこれまで剣道を続けてきた中で、とくに冴えに関して重要だと思った事柄を、今回はいくつか紹介させていただこうと思います。

ここで一つ、本旨とは別に、少々横道に逸れますがみなさんに紹介しておきたい話があります。これはまだ私が大阪府警の現役特練員だったころのことですが、当時、少林寺拳法の大先生に指導を受けたことがありました。その先生は私たちの目の前で青竹を宙に投げ、刃引きした小刀でいとも簡単に竹を真っ二つにしたのです。そして続けざまに、今度はタオルを警棒のようにつかう技を披露してくださいました。その時はただただ驚嘆するだけでしたが、よく考えてみると、あの技の数々は手首の強さ、技の冴えに由来しているのだと気づきました。かなりご高齢の先生でしたが、冴えはいくつになっても鍛えることができると、目の前で証明されたように私は感じました。以来、私も自分の可能性を信じて挑戦してきましたが、いまだその高みには到達しておりません。

「技に冴えがない」とは、長く剣道をつづけている者であれば一度は言われた経験があると思います。今回の私の話が、少しでもその悩みを解消する術となれば幸いです。

冴え名人の話

「冴え」という言葉を聞いて、最初に思い出されるのは小沼宏至先生（範士九段）のことです。小沼先生は、昭和生まれで初めて九段になられた方で、警視庁の主席師範も務められました。

小沼先生とは派遣指導でヨーロッパを一緒に回ったこともあり、その他にも幾度となく先生の立合を拝見しましたが、失礼な言い方になりますけども、これこそ正真正銘の九段だと感じました。小柄でしたが、とにかく技の冴えがすばらしい。気剣体がピタリと一致しており、とくに返し小手には目を見張るものがありました。返し小手という技は、手の内や体さばきなどすべての要件が満たされなければ、冴えた打突になりません。小沼先生の返し小手は、決まると「パクッ」というきれいな打突音が響き、観ている者がため息をもらすほどでした。当然、他の仕掛け技や返し技もすばらしく、多くの剣道家の目標でもありました。

それから、私が所属していた大阪府警には越川秀之介先生（範士九段）という名人がおられました。この先生も身長が百五十数センチ程度の小柄な方でしたが、大変気持ちが強く、身体の小ささなどまったく問題にしておりませんでした。

大阪府警には浦本徹誠先生（範士八段）という百九十センチ近い豪傑がおりまして、二人の立合は端から見れば大人と子供。しかし、立合がはじまってみると、上段を執る浦本先生に対し越川先生がいとも簡単に一本を奪うのです。なめらかな足さばき、非常に柔らかい手の内、軽やかな竹刀さばき、どれをとっても非の打ちどころがなく、とくにパッと裏に入られた時などは、あまりに無駄がないので入られたことさえわからないほどでした。そこから非常に冴えのある小手を打ってくる。もうどうにも対処のしようがありません。

そしてもう一人紹介しておきたいのが、指宿鉄盛（範士八段）という先生です。指宿先生は非常に小手技の上手な方で、とくに打突の冴えには定評がありました。

ある講習会で、指宿先生が私に「小林、どうや！」と手のひらを差し出してこうおっしゃいました。「肉刺ができるのは力が入っている証拠。手の内は婦女子のごとし」。当時の私の手のひらには、大きな肉刺ができていました。先生にはそれがまったくない。これが名人の手の内なのかと感心しました。

そして「婦女子のごとし」というのは、手の内だけでなく剣道全体にも通ずるとのことでした。先生の話を要約すると、「男のようないかり肩で構えると、力が入って冴えた技がでない。女性のようになで肩で構えることが、冴えのある打突を生み出すには必要である」ということだったと思います。私は百姓の出でいかり肩でしたから、よく先生に「力が入っている」と注意を受けたことを覚えています。

片手突きの話

愛知の近藤利雄先生（範士八段）が、「剣道の基は左手」とよくおっしゃっていました。そして、その左手を鍛えるために、徹底的に片手突きの稽古をする姿を拝見したこともあります。道場の端から端まで、素振りの要領で一人片手突きを繰り返します。道場端までたどり着いたら振りかえって、また道場の端にむかって突いていく。この稽古法は西善延先生（範士九段）もよく行なっていました。

私が現役当時、全日本選手権をはじめとした試合では上段が一世を風靡していました。上段でなければ優勝はできない、と言われるような時代です。上段はすでに竹刀を振り上げている状態ですから、すべての技が一拍子で飛んでくる。それに対し中段の構えは、どうしても振り上げと振り下ろしという二つの動作が必要になってしまいます。上段に対抗するにはどうすればよいのか。そこで私が思いついたのが片手突きでした。片手突きであれば振り上げの動作が必要ありませんから、上段からの振り下ろしにも早さで劣ることはありません。これしかないと思い、とにかく突き技を稽古しました。

大阪府警での稽古後に、いち早くサブ道場へと行き一人片手突きを繰り返しました。自宅へともどってからも、寝る前に裏の空き地で靴を履いて、桜の木にむかって木の皮がむけるまで突き技の稽古を続けました。突き技のしすぎで手首を痛め、医者からはもう治りませんと匙を投げられたこともありましたが、それでも休まず稽古を続けたことで、自然と力が抜け、徐々に痛みもひいていきました。この時の稽古の成果か、今でも力は右手より左手の方が強いですし、片手で自由に竹刀を振ることができます。

片手突きの稽古を続ける中で感じたのは、打突に冴えを出すには無理無駄を削ぎ落とさなければならないということです。手首を痛めたことで適度に力が抜けたことは不幸中の幸いでしたが、手の内だけでなく、身体の動かし方も含めて無理無駄をなくすことが、打突の冴えに直結すると実感した出来事でした。

三つの運動の話

打突に冴えを生み出すには、「三つの運動」を正しく行なわなければなりません。この三つの運動の合力によってはじめて打突に力が生まれ、ひいてはその力が冴えへとつながります。

では、その三つの運動とはなにかですが、一つは「水平運動」です。剣道では腰の移動を意識しなさいと言われますが、この水平運動が身体の勢いをあますことなく打突へと伝えてくれます。左足が跳ね足になってしまったり、前傾姿勢での打突は力が分散してしまい、技に冴えが出ません。これはとくに左足のつかい方が重要で、宮本武蔵の言葉を借りれば「陰陽の足」を順守する必要があります。

「陰陽の足」の教えは、たとえば左足を固定したまま右足だけで攻めるような足のつかい方を厳に戒めています。右足が出たら必ず左足を同じだけ送り、つねに身体の安定を保つことが、冴えのある打突の土台となるのです。

そして次は「円運動」です。この円運動とは、右手と剣先の動きのことを指しています。剣道では竹刀を刀のように扱いなさい

小沼宏至

おぬま・ひろし／昭和二年福島県生まれ。昭和二十三年に警視庁警察官を拝命し、以後、三十七年にわたって剣道専門畑で活躍、主席師範を経て昭和六十年に退職した。全日本選手権大会二位、全国選抜七段大会優勝、明治村剣道大会優勝。小野派一刀流や無刀流、直心影流、警視流、二天一流など多くの古流に傾倒し、とくに小野派一刀流は笹森順造宗家より印可を受けた。享年六十九歳。剣道範士九段。

越川秀之介

こしかわ・ひでのすけ／明治二十八年茨城県生まれ。水戸東武館で竹刀を握り、大日本武徳会講習科へ入学する。陸軍第八師団、徳島県警察、武徳会徳島支部、大阪府警察、大阪商業大学などで剣道指導を行ない、戦後は大阪府警察の初代主席師範に就いた。享年七十六歳。剣道範士九段。

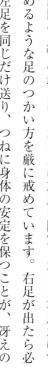

と口酸っぱく言われますが、これは決して建前ではありません。刀は振り上げたところから振り下ろしまで、剣先が円を描くように動かします。そうすることで剣先にスピードが生まれ、相手を切ることができるのです。

これは竹刀においてもまったく同じです。「打突の効果は速度の二乗に比例する」と言われ、剣先のスピードが速ければ速いほど打突には冴えが生まれます。ただ力まかせに竹刀を振っても、剣先にスピードは出ません。右手で円を描くようなイメージを持つことで、剣先を速く振ることができます。

この円運動を実行するには、身体の柔軟性も必要不可欠になります。剣道は同じ動きを繰り返す特性からか、身体が硬くなりがちです。身体が柔らかいということは、どんなスポーツにおいても大変に大事なことです。柔軟運動などは、いくつになっても欠かさず行なっていくべきでしょう。

そして最後は「テコ運動」です。右手は押し手、左手は引き手と言われますが、この押し手と引き手の作用をうまくつかうことで、打突に冴えが生まれます。よく言われる「手の内」とは、このテコ運動の作用が大きな意味を持っています。

竹刀を強く握る、横から握るなど正しくない握りをしていると、テコ運動はうまく作用してくれません。左手は極め指である小指を中心に、薬指との二本でしっかりと握り、右手は打突の勢いにブレーキをかけてしまわないように軽く握ります。とくに手首のつかい方は重要で、打突の瞬間は手首が竹刀と水平になるぐらい

第18回明治村剣道大会3回戦。すでに本大会で優勝経験のある松原輝幸教士に対し、小林教士が電光石火の片手突きを決める（写真）。小林教士はその勢いのまま勝ち上がり、強豪八段の頂点に立った

柔らかくしておく必要があります。ここまでしっかりとテコ運動を意識することで、はじめて打突に冴えが出てきます。

これら三つの運動を一つの技に集約することで、剣道の大目標でもある気剣体の一致した、冴えのある技を出すことができるようになります。

打突に冴えを生み出すには、「水平運動」「円運動」「テコ運動」の三つの運動が重要な鍵を握る

身体の柔軟性が冴えを生む

打突に冴えを生み出すには、身体の柔軟性が必要不可欠です。現役時代は阪神や阪急のトレーナーを呼んで、柔軟体操や敏捷性を養うトレーニングをイヤというほどやりました。現在でも、身体を柔らかく保つことはつねに心に留めています。

剣道は全身運動だと思われていますが、実はつかっていない筋肉が多くあります。ですから、普段から気をつけて全身を動かしておかなければ、身体が硬くなってしまうのです。剣道家は年齢を重ねるにつれて、準備運動や整理運動をしなくなる傾向があります。身体が硬い方はとくに、柔軟運動をしても柔らかくならないのではないかと思っている人が多いようです。しかし、相撲取りを見ても解るように、成人をしてからでも身体を柔らかくすることは可能です。根気が必要ですが、ぜひ、柔軟運動は行なうようにしたいものです。

そして打突に冴えを生み出すために一番重要となるのは、手首の柔軟性です。手首が硬いと、せっかく捨て切って打った技も冴えのないものになってしまいます。剣先で8の字を描くように竹刀をつかい、手首を柔軟性はつねに維持しておくようにしましょう。

剣先で8の字を描く
手首の柔軟性はつねに維持しておきたい。剣先で8の字を描くように竹刀をつかえば、どんな場所でも手首をほぐすことができる

連続片手突きで左手をつくる

現役時代に突き技を徹底的に稽古したことから、現在でも突き技は、私にとって大変重要な武器になっています。

突き技を稽古することは、自身の剣道を成長させる上でも大いに役立ちます。とくに大きいのが左手のつくりです。剣道において左手が一番重要な部位であることは、周知の事実です。打突に冴えを生むも生まないも、この左手のつかい方ひとつにかかっていると言っても過言ではありません。

私が行なった突き技の稽古法は、素振りの要領で、道場の端から端まで片手突きを連続して行なっていくというものです。そしてこの時、気に留めておかなければならないのが姿勢です。崩れた姿勢で素振りをしても悪い癖が身につくばかりですから、一本一本正しい姿勢で突くことを心がけましょう。とくにひかがみは重要です。ひかがみは曲げすぎても伸ばしすぎても、うまく身体をつかうことができません。適正な姿勢を今一度見直しておくことが大切かと思います。

突き技を出す時は手首のスナップを充分に利かせ、竹刀と左手が平行になるイメージを持っておくようにすると、技に勢いが出て冴えが生まれます。

正しい姿勢から、手首のスナップを充分に利かせて突く。突いたらすぐさま手元を引いて残心をとる

つねに正しい姿勢で突く

素振りは正しい姿勢で行なうことで、はじめて効果が出る。とくにひかがみの曲げすぎ、伸ばしすぎには気をつけるようにする

どこにも力みのない正しい構え

身体の硬い人はひかがみが伸びすぎている傾向がある

ひかがみを曲げすぎると動作に無駄が出やすい

陰陽の足で水平運動を行なう

水平運動とは、身体の上下動がない足のはこび方を言います。これは剣道の土台とも言えるもので、水平運動を行なえばさまざまな利点を得ることができます。

利点の代表的なところでは、打突に勢いが生まれます。体をさばくときに左足の引きつけが遅れてしまったり、打突時に左足が跳ね上がってしまうと、せっかくの勢いが分散され、相手にうまく力が伝わりません。水平運動で身体を動かすことで、相手にむかってまっすぐ力を伝えることができます。

そしてもう一つ重要な点は、つねに適正な姿勢を維持することで、相手の動きに対してすばやい対応が可能になります。試してみるとよく解りますが、右足を前に出したまま、左足を引きつけずに打突しようとしても、身体に勢いは生まれません。適正な姿勢で相手と対しておくことで、わずかな隙も見逃さず、冴えのある打突を繰り出すことができます。

能楽師は、なめらかな体さばきを会得するために頭に水桶をお

いて修行するそうです。湯野正憲先生（範士八段）は、ダンスを修行して足さばきの勉強をしたと聞きました。足さばきは打突の冴えと直結しますから、修練を怠らないようにしたいものです。

陰陽の足で姿勢を維持する

陰陽の足とは、右足を出したら同じだけ左足を引きつけ、つねに適正な姿勢を維持することを言う。適正な姿勢を維持しておけば、いかなる時でも相手の動きに対応ができる

右手と剣先を円運動させる

円運動は、竹刀を振った時の右手と剣先の動きを指します。昔はよく、素振りの時に面の位置で剣先を止めろとか、手元をしぼれということを言われました。しかし、このような素振りをしていると、右手がブレーキの役割を果たしてしまい、実際に打ち込んだ時に伸びのある冴えた技が出ません。打突は止めるのではなく、打突部位を打ったから止まったと解釈する方が正解でしょう。

ですから、素振りは上下振りや斜め振りのように、円運動を意識してしっかりと下まで振り下ろすべきだと思います。

上下振りは、振り上げた位置から剣先が円を描くように振り下ろします。剣先が円を描くことはもちろんですが、ここでは右手も円を描く意識を持つことが重要です。左手が抜けないぎりぎりの位置まで振り下ろし、右手は充分にスナップを利かせます。このような手のつかい方をすることで、剣先にスピードが生まれ、打突に冴えが出るようになります。

上下振り
剣先はもちろん、右手も円を描くように振り下ろす。右手は手首のスナップを充分に利かせて打ち切るようにする

そして斜め振りには、正しい刃筋を意識させる効果があります。冴えのある打突は、正しい打ち方からしか生まれません。刃筋は一本の必要条件でもありますから、刃筋を無視して横から打つなどはもってのほかです。

斜め振り
左手を中心から外さないようにし、刃筋を意識して振る

テコ運動で剣先にスピードを宿す

テコ運動とは、いわゆる押し手と引き手の作用を言います。打突の瞬間に右手を押し、左手を引くことで、剣先にスピードが宿り打突に冴えが生まれます。

素振りのところでも言いましたが、打突は往々にして右手がブレーキとなります。右手は充分にスナップを利かせ、その上で左

右手を押すと同時に左手を引く

テコ運動を意識して、打突の瞬間に右手を押して左手を引く（右列）。この作用がうまく整わなければ、冴えのある打突は生まれない（左列）

手を瞬間的に引くことで、打突が冴え、打った時に「パクッ」と乾いた音が鳴ります。試合での審判や段位審査での審査員は、ただ打った打たれたを見ているわけではありません。私が音のことを言うのは、音が冴えのある打突かどうかを一番端的に表わしてくれるからです。みなさんも一度、自分の打突音を聞いてみるとよろしいかと思います。

剣先にスピードを出すには、この押し手と引き手の作用を瞬間的に速くするしかありません。力まかせに竹刀を振っても速さは出ませんし、ましてや冴えのある打突などのぞむべくもありません。

それからよくある事項として、右手が引き手になっている人を見かけます。一見、右手を引くと速く竹刀を振り上げられるように思いますが、これだと手元が浮いて隙ができてしまいます。この癖がある方は、テコ運動を意識して竹刀を振るようにしてみてください。

四種の技に冴えを生み出すには

最後に、打突部位である面、小手、胴、突きの四種の技における、冴えを生み出すためのポイントを紹介しておこうと思います。ここで理解しておいていただきたいのは、剣道の技の基本は、すべて面に詰まっています。まず面技を一生懸命修練し、冴えのある面が打てるようになったら、自然と他の技にも冴えが生まれてくるでしょう。

面技のポイントは、テコ運動を利用して、左手が死に手にならないぎりぎりのところまで引くことです。そうすることで、剣先

面技
押し手と引き手をうまくつかい、テコ運動で打つ。左手を引きすぎて死に手にならないよう注意する

小手技

剣先から左手までが一直線になるように打つ。右手、左手ともに手首のスナップを充分につかう必要がある

胴技

打突の瞬間に左手を素早く引くことで、打突に冴えが生まれる。右手で打つのではなく、左手で打つことを意識する

突き技

小手技と同じく、剣先から左手が一直線になるよう、左手首のスナップを充分に利かせる。打突後は素早く手元を引き、残心をとる

がはしり、打突に冴えが生まれます。

小手技のポイントは、剣先から左手が一直線になるぐらい、しっかりと右手のスナップを利かせることです。

胴技のポイントは、打突の瞬間に左手を素早く引くことです。斜めに竹刀をつかうことになりますが、テコ運動の要領は変わりません。

最後に突き技のポイントは、小手技と同じく剣先から左手までを一直線にする意識を持つことです。突いたらそのままにせず、すかさず手元を引いて残心をとることで、技に冴えが生まれます。

剣道極意授けます

講習会では学べない
岩立三郎の 乗って打つ

観衆が息をのむような快心の一撃は、相手に乗ることで生まれる。気で乗る、剣先で乗る、身体で乗る。相手に乗って打つための要諦を、松風館道場師範の岩立三郎範士が解説する——。

岩立三郎範士

いわたて・さぶろう／昭和十四年千葉県生まれ。千葉県成田高校を卒業後、千葉県警へと進む。選手生活を退いた後は、関東管区警察学校教官、千葉県警察剣道師範などを歴任。その間、昭和五十三年に剣道場「松風館」を建て、剣道指導をはじめる。平成十一年退職。現在は松風館道場師範、尚美学園大学剣道部師範および同大学講師を務める。剣道範士八段

姿勢で乗り、目線で乗れば相手に乗って打つことができる

今日は「乗って打つ」というテーマをいただきましたので、「乗る」ということについて私の思うところを話したいと思います。

まず、乗るとはどのような状態を指すのでしょうか。ただ相手を打つだけでは乗ったとは言えません。一つ例を挙げてみましょう。昨今は〝刺し面〟と言われる下からすくい上げるような打突が横行していますが、ああいった技を乗ると言わないのは、みなさんも感覚的に解ると思います。乗ることの大前提は、竹刀が打突部位めがけて上から振り下ろされていなければなりません。

では、相手に乗って打つためにはどうすればよいかですが、一番大きな要素は「姿勢」であると私は考えます。面も小手も胴も、もちろん突きも、乗って打つためには姿勢が整っていなければなりません。今回は乗って打つために必要な姿勢について、いくつかの部分に分けて検証してみたいと思います。

下半身をつくる話

細かい説明は後述するとしまして、ここでは姿勢がどれだけ重要かということについて、上半身と下半身に分けて説明していきましょう。

まず下半身についてですが、下半身で重要な部分は「かかと」「ひかがみ」です。これはどの先生方も言われていることだとは思いますが、私はこの二カ所が相手に乗るための姿勢をつくり出す根幹になると考えています。「かかと」については、かかとの高さが重要です。かかとの高さを決めることによって、足の裏と床の接地面に余すことなく力を伝えることができます。足が撞木足や鉤足になっていると、打突時に身体が曲がってしまい、相手に乗ることは難しくなってしまいます。

「ひかがみ」については曲げないことが大事です。ひかがみが曲がっていると、打突時にどうしても足が跳ねてしまいます。これは前述のかかとにもつながってきますが、ひかがみが曲がっているとかかとが必要以上に上がり、撞木足にもなりやすくなります。ひかがみについては伸ばせ伸ばせと指導されますが、伸びすぎても良くありません。これはすべてのことに通じてきますが、何事もやりすぎは良くないものです。ひかがみを伸ばす中でも絶妙な緩みを持たせる。このバランスが大事になります。これらの部分

を注意することによって、安定した下半身を手に入れることができます。

上半身をつくる話

上半身については、「腰」「下腹」「胸」「襟」などに、正しい姿勢、乗って打つための姿勢をつくるポイントがあります。

まず「腰」についてですが、腰は左腰が逃げないようにし、つねに相手と正対するようにします。そのためには、腰ではなく臀部を締めるようにすると、左腰が逃げず、左足の親指もまっすぐ前を向き、安定した姿勢で相手と正対することができます。

「下腹」についてはよく言われることでしょう。下腹に力を入れろは、剣道をしてきた者であれば誰もが一度は受けたことのある指摘のはずです。下腹に力を入れるというのは、ただ腹に力を入れることではありません。抽象的な話になってしまいますが、「気」を下腹に下ろすというのが一番適した言葉になるでしょうか。下腹に力が溜まっていると、自分でもびっくりするような技が出るものです。

少し話は逸れますが、私はこれまで六十年に渡って剣道に携わってきました。その中で二度だけ、試合の中で腹に力の溜まった最高の打突を決めたことがあります。一つは山口県で行なわれた東西対抗での有満政明先生との試合。もう一つは鳥取で行なわれた東西対抗での井上茂明先生との試合です。これらはどちらも一生の思い出です。今振り返れば技に欠点はありますが、その時は完全に乗ったという手ごたえがありました。

話を続けましょう。続いては「胸」です。胸は姿勢と大きなつながりがあります。背中が丸まり、前かがみの姿勢になると、相手に乗るような打突をくり出すことはできません。胸を広げることによって背筋が張り、正しい姿勢を維持することができます。加えて胸を広げると自然に呼吸が下がり、下腹に力を入れることにもつながります。

最後は「襟」です。上半身の中ではここが一番意識すべき部分かもしれません。というのも、襟さえ意識をしておけばほとんどの部分が矯正されるからです。首と稽古着の襟をピタリと着けることによって上半身が前かがみにならず、自然と正しい姿勢になります。

目線と竹刀操作の話

身体の部分部分をそれぞれ丁寧に注意しておくことで、正しい姿勢を手に入れることができます。そして、正しい姿勢を維持する最後の仕上げとして意識しておきたいのが「目線」です。下から上をのぞき見るような目線では相手に乗ることはできません。「遠山の目付」という教えがありますが、相手の頭頂部の後ろを見るようなつもりで目線を上げておくと良い姿勢を維持することができます。前述した通り、相手に乗るには竹刀が打突部位めがけて上から振り下ろされていることが前提としてあります。目線が下からうかがっている場合はほとんどが刺すような打突になってしまいますので、目線は乗るということと大変深いつながりがあるのです。

相手に乗って打つための正しい姿勢を手に入れたら、次に意識しなければならないのは「竹刀操作」についてです。まずは「素振り」についてですが、全日本剣道連盟では素振りをする際は、四十五度に振りかぶりなさいと指導しています。この指導は習熟者に対しては有効ですが、初心者となるとどうでしょうか。初心者を指導する上でまず大事なことは、身体を大きくつかわせることだと思います。剣道をはじめた当初から四十五度の素振りをしていると、肩をつかった振りができません。ですから、手先だけをつかった刺し面のような打突になってしまうのです。私が剣道をはじめたころは、素振りは剣先を背中にしっかりつけなさいと指導されました。そうすることで肩のつかい方をおぼえ、ひいては乗って打つための素地を養うことができるのです。

もう一つ、「剣先の方向」についても触れておきましょう。自分の剣先がどこにあるか、これを意識している人は意外と少ないのではないでしょうか。昔の先生方は、相手の左目に剣先をつけなさいと指導されました。俗にいう「三角矩の構え」は、相手の面も小手も胴も、すべての技を防ぐことができます。しかし、これも先ほどの素振りと同じく、習熟者はそれでいいですが、初心者がこの構えをしてしまうと剣道の成長を阻害してしまう恐れがあります。伸びのある剣道を目指すには、やはり身体の中心に剣先を持っていくべきでしょう。打たせないための構えでなく、相手を打つための構えを意識して稽古を続けることで、徐々に剣道が成熟していき、乗って打つことも可能になると思います。

小手を打たない話

乗って打つことと関連していますが、実は私は公式試合で一本も小手を決めたことがありません。本当です。なぜ小手を決めたことがないのかというと、第一に小手をそれほど出さないからです。当然小手技の重要性は理解しているつもりですが、小手を出さないのはそれなりの理由があります。

私が小手をあまり出さなくなったのは、小森園正雄先生（範士九段・故人）のご指導と関係しています。小森園先生が九段に昇段されたのが平成元年のこと。そのころ私は全剣連の合同稽古や国際武道大学の稽古で何度も小森園先生に稽古をお願いしていました。ある稽古でのことです。私が先生の攻めを恐れて小手を出すと、「バカモン！」ときついお言葉をいただきました。「なぜそんなところで小手を打つのか！」と。乗るということに関していえば、相手を恐れて出した小手など乗るどころか先生を触ることだってできません。相手を恐れれば恐れるほど、面には行きづらくなります。そんな時、その場しのぎで出した小手に小森園先生は腹を立てたのでしょう。恐がって出す技は自分の体勢をも崩してしまいます。以来、私はしっかりと相手に乗っていくことを心がけ、試合で決まる技のほとんどは面と胴になりました。

乗るということに関しては、岡憲次郎先生（範士八段・故人）も深い考えをお持ちだったようです。私が岡先生とはじめてお会いしたのは四十一歳の時だったでしょうか。先生は晩年、公的な仕事をすべて終えられてから、私の道場に足をお運びいただくよ

小森園正雄

こもりその・まさお／大正八年鹿児島県生まれ。東京高等師範学校を卒業後、鹿児島県・宮崎県・大阪府で教職に就く。昭和四十二年八段昇段。昭和五十年大阪市立修道館長。昭和五十一年範士号授称。昭和五十二日本武道館武道学園教授。昭和五十九年より国際武道大学の教授となり、平成元年九段昇段、平成二年退職。平成７年逝去、享年七十六歳。剣道範士九段

岡憲次郎

おか・けんじろう／昭和二年東京都生まれ。郁文館中学で剣道をはじめ、皇道義会の青木秀男、森田常三郎両師範に師事。東京高等師範学校を卒業後、千葉県内の高校教諭を経て、昭和二十七年より母校郁文館高校の教諭となる。全国高体連剣道副部長、警察大学校教授、国際武道大学学長などを歴任。第四回明治村剣道大会優勝。剣道範士八段

うになりました。

岡先生から指導を受けたことの一つに、剣道に対する姿勢があります。私が先生に、道場生に向けてお話をしてくださいとお願いしても、先生は頑なにうんと言ってくれませんでした。その理由を聞くと、「大勢を前に話をしても、百人いたら二十人ほどしか話を聞いていないし、聞いていても覚えていない。もし解らないことがあれば、自分から質問にくるはずだ」とのことでした。先生は自分から質問にくる者に対しては、お持ちの知識を惜しげもなく伝えていました。道場の柱のそばで指導している姿は、今でも私の目に焼きついています。

先生がお話することのほとんどは「乗る」ことについてでした。これまで私がお話してきたことは、小森園先生や岡先生など、多くの先生からいただいたお話を実際に自分で体験し、咀嚼してきたことがほとんどです。

＊

私は今年で七十三歳になりました。剣道修業のポイントということで最後に一つ言わせていただければ、それは加齢との戦いでもあります。年齢を重ねるにつれ、人間はだんだんと体型が崩れ、あちこちケガをしたり病気になったりします。そうすると身体が丸くなり、立ち姿にも美しさがなくなります。私は今回、「姿勢」という部分に重きを置いて「乗って打つ」ことについてお話をしてきましたが、剣道を修業するみなさんには、是非良い姿勢とはなにかをつねに頭に置いて稽古を続けていただきたいと思い

第四六回全日本東西対抗鳥取大会。副将戦で奈良の井上茂明範士と対戦した岩立範士は、二分過ぎ、色なく面に跳んで井上範士に乗った(写真)

第四〇回全日本東西対抗山口大会。岩立教士（当時）は四将戦で鹿児島の有満政明教士と対戦。岩立教士は有満教士の中心を割るように攻め入ると、すかさず最短距離で面を打った（写真）

ます。意識さえしていれば、いつまでも美しい姿勢で相手と対することができますし、乗って打つことも実践できます。

相手に乗って打つにはスピードが必要だと思われがちですが、実際はそうではありません。相手と気を合わせ、正しい姿勢で攻め合いを行なっていれば、乗る機会はおのずと見えてきます。剣道は年をとるほどに楽しめるというのが私の持論ですが、剣道を楽しむためにも、今回お話させていただいたことが少しでもみなさんのお力添えになれば幸いです。

左足かかとは床から二センチ程度、ひかがみは絶妙な緩さで伸ばす

左足の状態は姿勢に大きな影響を及ぼします。とくにかかとの高さは気をつけておかなければなりません。左足のかかとはどんなに高くても二センチ程度でしょう。それ以上高くしてしまうと姿勢が崩れ、打突時に身体が曲がってしまうおそれがあります。かかとの高さを二センチ程度にとどめておけば、足と床との接地面に力が伝わり、無理なく足を蹴り出して身体を前に運ぶことが

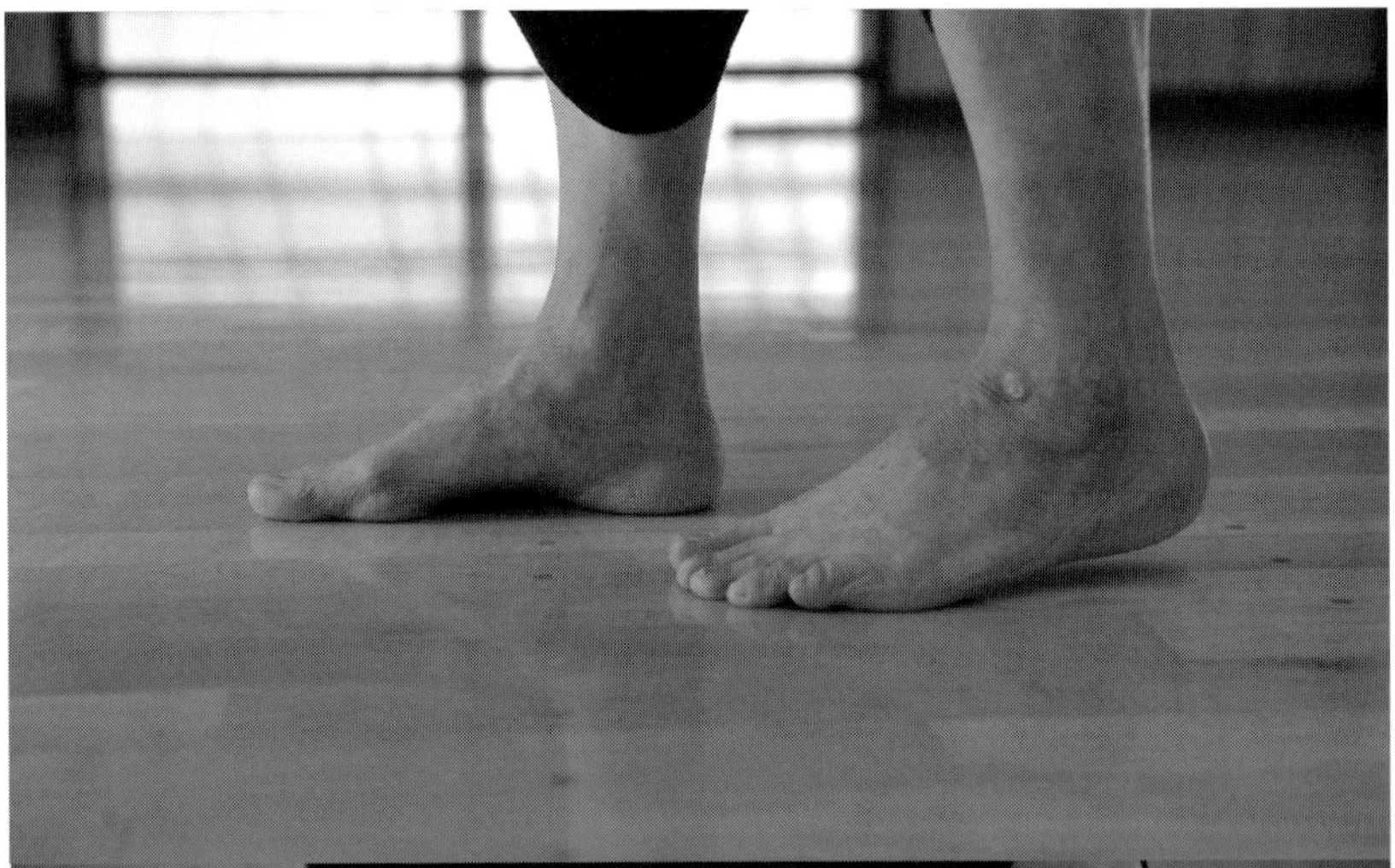

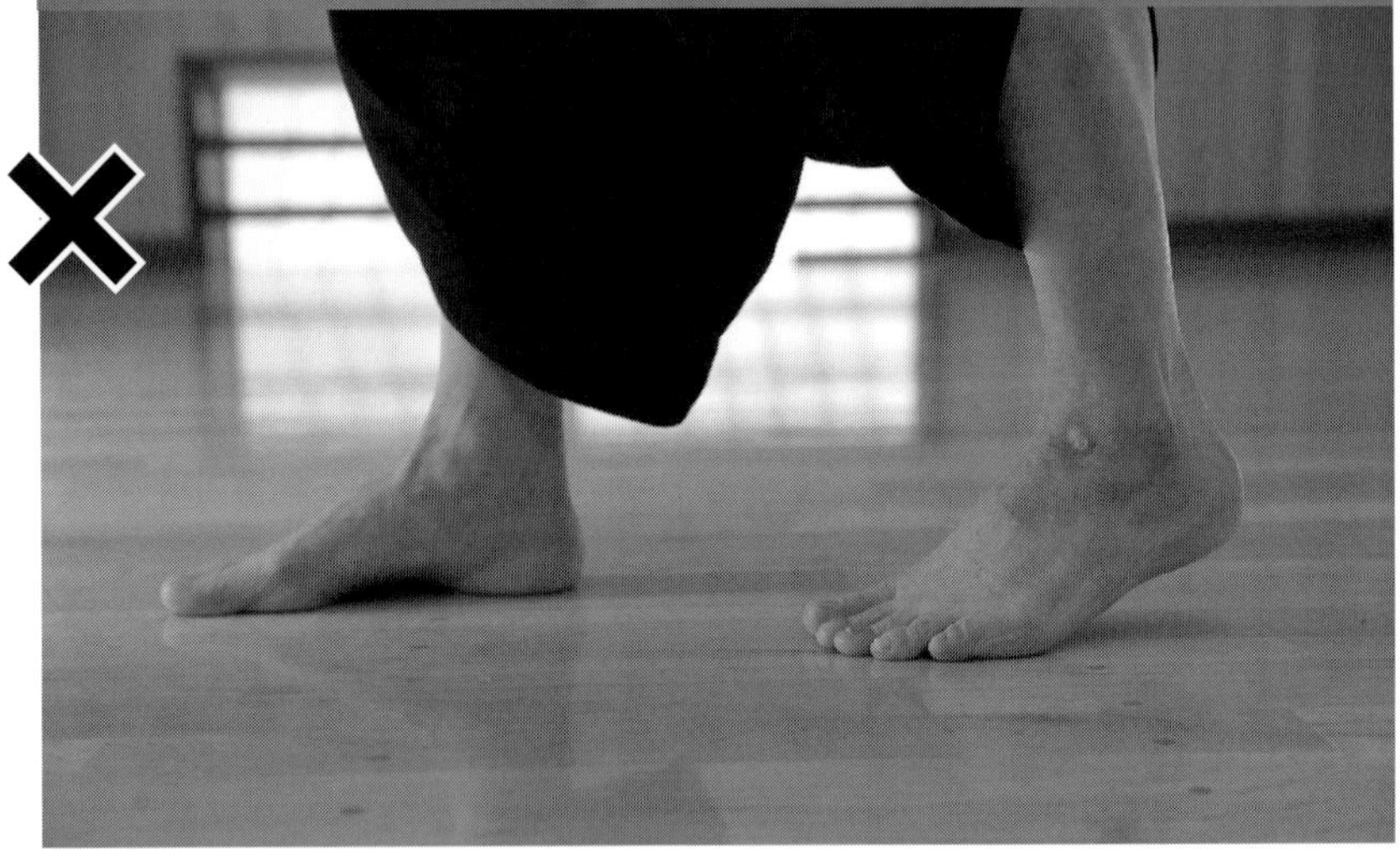

かかと
左足のかかとはあまり高く上げすぎないようにする。高くなると足幅が開いて姿勢が崩れたり、撞木足や鉤足などの原因ともなる

ひかがみ

ひかがみは膝が曲がらない程度に伸ばすが、あまりピンと張りすぎないように注意する。ひかがみが伸びすぎたりゆるみ過ぎたりすると、相手の動作に対して瞬間的な対応ができなくなる

できます。

ちなみに右足のかかとについては、ベタ足にならないよう紙一枚分程度浮かせておきます。そうすることによって足を自在に動かせるようになり、打突の瞬間もスッと抵抗なく右足を出すことができます。両足ともにつま先は相手を向くようにしておきましょう。

ひかがみについては、ひかがみが緩んで膝が曲がってしまうと、乗って打つ打突が非常に困難になります。ひかがみとかかとは連動しており、ひかがみが曲がるとかかとが高くなる、もしくは足が開いて相手に向かってまっすぐ跳ぶことができません。よくひかがみは伸ばしなさいという指導を耳にしますが、伸ばし過ぎも禁物です。絶妙な緩みを保ちつつ伸ばす、これがひかがみをうまく機能させるためのポイントです。

臀部に力を込めて腰を決め、下腹に呼吸をおろす

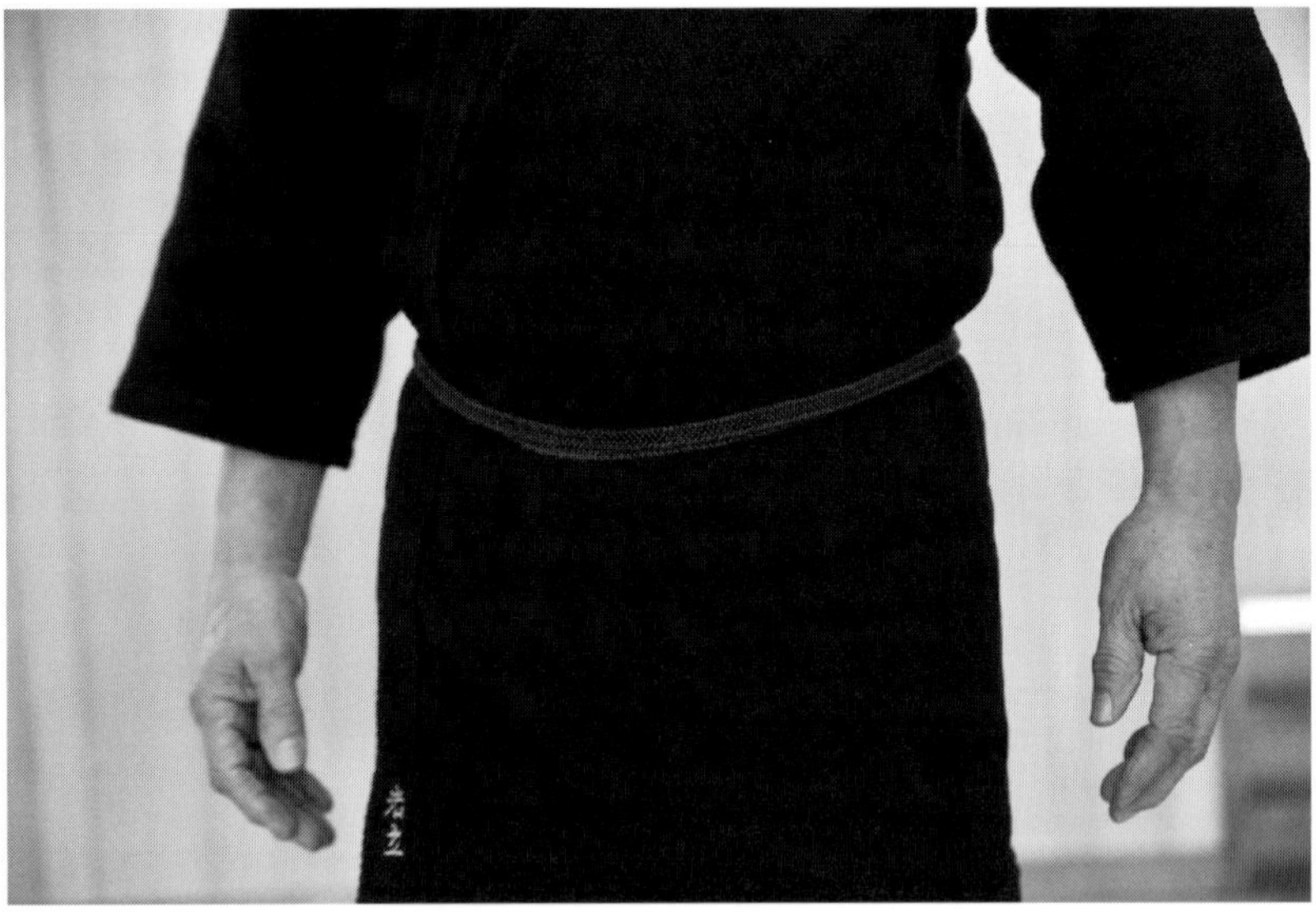
乗って打つためには、身体が相手と正対している必要がある。面紐を腰に巻くと左腰が逃げずにスッと入り、着装が決まる

昔の先生方はよく「肛門を締めろ」という指導をされましたが、私は腰に意識を持たせる際に、「お尻のえくぼに力を入れなさい」と言います。臀部には顔にできるえくぼのように力をいれるとへこむ部分があります。ここに力を入れると腰が決まり、逃げていた左腰がスッと入ります。しかも、左足の親指もまっすぐ正面を向きます。

私は腰に意識を持たせる一つの方法として、面紐を腰に巻くようにしています。これはその昔、居合の大家である藤田正先生に教えていただいたのですが、面紐を巻くと腰に意識がいき、ビシッと決まる感覚があります。私はこの方法を教えていただいて以来、三種の神器のようにいつも面紐を持ち歩いて、稽古の時は巻くようにしています。

腰に力を込めたら、次に大事になるのは下腹です。下腹に気を溜められるようになると、剣道がグッと良いものになります。下腹に気を溜めるには、呼吸を下へとおろす意識を持つことが重要です。胸から下腹、さらにかかとまでおろすことができれば、自分でも予想だにしなかったような技が出ます。かかとまで呼吸をおろすことは並大抵のことではありませんが、ぜひ意識してみて下さい。

下腹に呼吸をおろす作業は、気を溜めるといった意味でも大変重要になる。呼吸をおろすことができれば構えにゆとりが生まれ、心身が充実してくる

肩甲骨を寄せて胸を開き、首と稽古着の襟をピタリとつける

上半身で気をつけておかなければならないのは胸と襟です。この二カ所は姿勢と直結しているので、かならず意識を持って稽古に取り組むようにしましょう。

まず胸ですが、胸は広げておかなければなりません。胸を広げることで懐にゆとりが生まれます。背中の肩甲骨を寄せる意識を持つと胸が広がり、丸くなった姿勢から背筋がピンと張るようになります。前かがみで縮こまった姿勢では良い技は出ません。技というものは柔軟性があってはじめて出るものですから、しっかりと余裕をもって胸を広げておきましょう。

襟は良い姿勢を維持するために一番意識しなければならない部分です。これまで下半身から意識すべき個所を並べてきましたが、襟さえ意識しておけばおおよそ良い姿勢になります。稽古着の襟と自分の首をピタリとつけ、隙間ができないようにする。そうすると自然と目線が上がり、姿勢が整います。

この襟を意識することは、蹲踞の場面でも同様です。あごを引き首と襟をつけることで、気の充実した蹲踞を実践することができます。蹲踞は意外と気が抜けやすい瞬間でもあるので、この意識は大変良い効果を生むはずです。

胸の広がりは背中を見るとよく解る。肩甲骨が寄っていないと背中が丸くなり、構えが小さく窮屈になってしまう

首と稽古着の襟をつけておくことで、目線が上がり背筋の張った構えになる。反対に首と襟に隙間があると、下から見上げるような構えになり、乗って打つことはできない

蹲踞の瞬間も首と襟を意識しておくと、気の充実した蹲踞が実践できる

相手の頭頂部の後ろに目線を置き、上から見下ろすように相手を見る

目線は姿勢と大変密接な関わりがあります。相手をうかがい、下から見上げるような目線では、相手に乗ることは難しくなります。

「遠山の目付」という教えがありますが、あれはまさしく本当のことだと思います。私は相手の頭頂部の後ろに目線を置き、上から見下ろすような気持ちで相手を見るようにしています。そうすると、自然と姿勢が整い、充実した構えが実践できます。

前述の襟の話ともつながりがありますが、首と襟に隙間がある

目線は相手の頭頂部の後ろに置く。そうすることで自然と姿勢が良くなり、懐の深い充実した構えが実践できる

と目線が下がった構えになります。このような構えは面金の天がかならず前へ落ちており、目線も物見から外れています。下からすくい上げるような打突になりますから、乗って打つことはできません。

目線が下がれば姿勢が悪くなるだけでなく、直接的な害も出てきます。それは間合についてです。目線が下がり、頭が下を向いた構えは、実際十センチ程度相手との間合が近くなります。反対に目線を高く保てている人は、相手から見て面がかなり遠くに感じるはずです。この十センチは実戦においてかなりの有利不利をもたらすので、目線はやはり大事にしなければならない部分と言えます。

下から見上げるような目線の置き方は、姿勢が崩れる原因にもなる。間合も相手と近くなり、隙を与えてしまいかねない

肩をつかった竹刀操作を心がけ、剣先の方向にも気を配る

上半身と下半身における留意すべき点をチェックし、乗って打つための姿勢が整った後は、竹刀操作について考えてみましょう。とくに素振りは重要です。

乗って打つためには、竹刀を上から下に振り下ろす必要があることは前述しました。しかし昨今は〝刺し面〟のような下から上にすくい上げる打突が目につきます。こうなってしまった理由の一つとして、素振りの仕方が挙げられると思います。

私が若いころは、素振りは剣先が背中につくまで振りかぶるのが通常でした。そうすることで肩のつかい方を学び、大きな剣道を養っていったのです。しかし最近では、肘から先で竹刀を振り、肩をまったくつかわないような素振りをよく見かけます。これではすくい上げるような打ち方になってしまうのもやむをえないことでしょう。とにかく剣先が大きな弧を描くような素振りを心がける。そうすることで、竹刀操作のコツが自然と身体に染み込

素振りを行なう際は、剣先が大きく弧を描くようにし、しっかりと肩をつかう。そうすることで竹刀操作のコツが身につき、乗って打つことも可能になる

竹刀を振りかぶる時は、左手の小指・薬指・中指が開いてしまわないように注意する

んでいきます。

剣先の方向についてはまっすぐ相手の中心につけておきましょう。自分の剣先がどこにあるかを意識しながら相手の動きを観察することで、相手の隙や機会が見えてくるようになります。

打突はすべて上から打つことを心がければ、相手に乗ることができる

最後は乗って打つことについて、いくつかの技の過程とやってはいけないことを紹介しておこうと思います。

まずは面打ちですが、上から乗る気持ちで相手を引き出すことが重要です。上から乗るように攻め、相手がハッとする瞬間を打ちます。

小手打ちについては、潜って打たないようにしなければなりません。懐に潜ろうとすると体勢が崩れますから、当然乗って打つことはできなくなります。つねに上から打つ気持ちで相手と対峙し、攻め合いの中から相手に乗って手元を浮かせることを心がけましょう。

胴打ちは乗るという言葉とあまりつながりがないように思えますが、これも他の技と同じく、乗って相手を引き出すことが重要になります。ただ相手の技を待って抜くだけでは乗ったとは言えません。まず上から乗るような気持ちで攻め込んでいき、相手が我慢できずに出てきたところを胴に抜くことができたのならば、それは乗ったのと同じことです。

上から乗って面を打つ
上から攻めて相手を引き出し、相手が出てくる端を打つ

上から乗って胴を打つ

上から攻めて相手を圧し、相手が我慢しきれずに動いたところをすかさず胴に変化して打つ

上から乗って小手を打つ

上から攻めて相手を圧し、相手が我慢しきれず手元を上げたところを打つ

これらを実践するためには、相手と合気になることが大切です。合気を心がければ稽古が充実し、乗って打つという剣道における一番の醍醐味を味わうことができるはずです。

相手の懐に潜って打とうとすると体勢が崩れ、乗って打つことができない

相手の打突を待って打とうとすると体勢が崩れる。攻めて相手を引き出すことが胴技の最大のポイントになる

剣道極意授けます

矢野博志の教科書にのっていない 鎬の使い方

鎬を知れば、剣道が強くなる。鎬を知れば、剣道が深くなる。剣聖高野佐三郎から大野操一郎九段、そして矢野博志範士へと継承された鎬の秘伝。誰も教えてくれない鎬の使い方を、いま、矢野範士が語る――。

矢野博志範士

やの・ひろし／昭和十六年静岡県生まれ。相良高校から国士舘大学へと進み、卒業後、同大学に助手として勤務する。昭和六十一年より同大教授となり、平成二十三年三月に退職。主な戦績として、世界選手権大会個人二位、明治村剣道大会三位二回、沖縄県立武道館落成記念全国剣道八段大会三位などがある。剣道範士八段。

「刀」を知れば「刃筋」が解る。「刃筋」が解れば「鎬」が使える。

今回のお話は「鎬」がテーマということで、大変に良いことだと思います。私も今年、古希をむかえました。中学時代、なにげなく握った竹刀が縁となり、以来、長きにわたって剣道とともに過ごしてまいりましたが、近年、剣道の変容ぶりに若干とまどいをおぼえているところでもあります。剣道の変容とはなにか。それは「刀の観念の喪失」と言い換えてもいいかもしれません。「刀の観念の喪失」と言うと仰々しくもありますが、端的に言うならば鎬を使った攻防、これが減ってきている気がするのです。

私は国士舘大学にお世話になって以来、一貫して大野操一郎先生（範士九段）に指導をいただいてまいりました。大野先生は、剣聖と謳われた高野佐三郎先生の弟子でもあります。今でもつい先日のように思い出されますが、大野先生は鎬を使うことを大変に重要視されていました。どうやらこれは、高野先生に感化された部分が大きかったようです。鎬を使わない剣道は本物ではないと諭すような、大野先生の見事な応じ技の数々。私もこんな技を使ってみたいと、ひとり道場に残って稽古したのを憶えています。

私は剣道を後世に伝える者のひとりとして、この鎬の技術が風化してしまうことだけは避けなければならないと感じています。鎬を知れば剣道が強くなることはもちろん、剣道が深くなり、もっともっとおもしろいものになります。今回は、高野先生、大野先生のエピソードを含め、私の鎬に対する剣道観をお話させていただきます。みなさまもぜひ、いま一度剣を学ぶとはどういうことか、この鎬をきっかけに考えていただければさいわいです。

高野先生の刃筋の話

大野先生から、高野先生のこんな逸話を聞いたことがあります。大正十一年、大野先生は高野先生を慕って東京高等師範学校に入学されました。一度も教えをいただいたことのない高野先生を慕った理由は、高校生のころ、全日本剣道演武大会（現・京都大会）で高野先生の立合を目のあたりにし、その強さ、気品に一目惚れしたからだそうです。

はじめての稽古の日、高野先生はまず新入生を相手に元に立たれました。大野先生は勇んで高野先生にかかっていきましたが、予想とは裏腹に、自分の技がつぎつぎと高野先生をとらえてしまったそうです。不思議に思い他の一年生との稽古も見てみましたが、同じように高野先生は打ち込まれていたようでした。

（なんだ、高野先生は強いと思っていたのに、こんなに当たったんじゃおもしろくないじゃないか）

大野先生はこころの中でそう思ったそうです。しかしその後、もっと不思議なことが起こります。二年生、三年生と徐々に打ち込まれる数が減っていき、ついに四年生になると、だれも高野先生に触ることができなくなったのです。

この不思議な思い出を胸に秘め、大野先生は四年生のとき、高野先生にひとつの質問をしたそうです。

〝高野先生、剣道は一生懸命やればやるほど弱くなるのですか？〟

大野先生は高野先生にはじめての稽古のときの印象を話し、自分はこの四年間で強くなったと自負しているけども、先生のことはどんどん打てなくなる、と言いました。高野先生はその質問にこう答えたそうです。

「お前たちが私のことを打てなくなったのは、刃筋を意識し、正しい技で打つことを覚えたからだ。一年生のときのお前たちの技は刃筋が立っていなかった。もし私がその技を押さえたり防いだりすれば、ますますお前たちは打ってやろうと崩れた技を出すだろう。だから私はあえて打たせたんだよ」

大野先生はその答えに、なるほどと痛く感心されたそうです。その一件以来、大野先生は「刀の観念」を大事にし、研究を深め、高野先生と同じく打たせることで正しい剣道に導く指導法を実践されるようになったそうです。

剣道形六本目の話

〝剣道形六本目には鎬の要点が詰まっている。高野先生の六本目は、実に軽やかで味があった〟

大野先生が私にこんな話をしてくれたこともありました。

その昔、日本剣道形（大日本帝国剣道形）は大日本武徳会と東京高等師範学校の高野先生らによって制定されました。そこには、今われわれが学んでいる剣道形とは少し違う、口伝のようなものが存在したそうです。大野先生が高野先生から受けた指導はこのようなものでした。

「打太刀が右小手めがけて刀を振り下ろしてくる。仕太刀は裏鎬を使ってこの刀をすり上げるが、このとき、すり上げると同時に刃を打太刀の小手に向け、そのまま相手の刀の上を滑らせるようにして落としなさい。それが理にかなっています」

この話を聞き、目の前で大野先生が実演されるのを見て、私はまさにその通りだと思いました。仕太刀の刀が、吸いこまれるように打太刀の右小手に収まっていく。この無駄のない流れるような技に、鎬を使う意味と、剣道形の本質を見た気がしました。

ここからは余談になりますが、高野先生はもうひとつ、この剣道形六本目において気にされていた部分があったそうです。それはこういったことでした。

「仕太刀が下段から徐々に中段に構えを上げてくる。打太刀は仕太刀の剣を押さえきれなくなってパッと上段を執るが、このときどこを攻めるか。打太刀が上段を執ったからといって、相手の左こぶしを攻めるのは本当ではない。相手の中心を攻めるからこそ、相手は耐えきれなくなって刀を下ろすのだ」

枝葉にとらわれては、本質を見失ってしまいます。よく大野先生は「剣道において一たす一は二ではない。修練によって三にも四にもなる」ということを言われましたが、私も同感でした。このエピソードも鎬の使い方を覚えることによって剣道の幅が広がるという、ひとつの証明と言えるのではないでしょうか。

鎬の重要性を再確認した話

あれは平成六年のことだったと思います。私は毎年正月に勝浦で開催される、指導者研修会に参加していました。その講習会には小森園正雄先生（範士九段）をはじめ、岡憲次郎先生（範士八段）や橋本明雄先生（範士八段）など、錚々たる先生方が顔をそろえていました。

あるとき、小森園先生が岡村忠典先生を呼び、「教育大の連中を集めろ」と言われました。私は小森園先生がどんな話をするのか興味があったので、先生の後ろにあった鏡の前で素振りをするふりをしながら聞き耳を立てていました。すると、小森園先生はこんな話をはじめました。

「今日の朝稽古で鎬を使って稽古をしていたのは、国士舘の矢野ひとりだ」

私は驚いてその場から立ち去ろうとしたのですが、小森園先生の話は続きます。

「鎬を使わなければ、応じ技も攻めもできやせん。相手が表から攻めてきたら表鎬で、裏からきたら裏鎬で攻め返すことを覚えなさい。それができれば、すり上げ技も返し技も容易に使えるようになる」

この話に私はピンとくるものがありました。なぜなら、当時の私が考えていたことそのままを、小森園先生がお話になったからです。鎬で攻め、鎬で返す。この日の午後はもっとうまく鎬を使ってみようと、稽古に身が入りました。

相手に攻め入る時、ただ無鉄砲に間合に入っては打たれてしまいます。反対に相手に攻め入られた時、攻めに負けて下がってしまっては打たれるのを待つしかありません。鎬を使えばそのどちらも防ぐことができる。小森園先生のお話は、私に鎬の重要性を再確認させ、自分のむかう剣の道が間違いでなかったことを教えてくれました。

真剣勝負の話

さて、それでは実際に私が指導、実践している鎬の使い方について お話していきたいと思いますが、その前にひとつ、とても大事な話をしておこうと思います。それは、一番最初にも申し上げ

ました「刀の観念」についてです

剣道指導者はよく「竹刀は刀のように扱いなさい」と言います。

私もそのうちのひとりですが、実際のところ、竹刀は竹刀であり、木刀は木刀、真剣は真剣です。私はそう理解しています。構造からすべて違うものですから、同じように扱えというのは土台、無理があるのかもしれません。しかし、やはり竹刀は刀のように扱

高野佐三郎

たかの・ささぶろう／文久二年（一八六二）武蔵国秩父郡に生まれる。少年時代は「秩父の小天狗」の異名をとり、後に無刀流開祖山岡鉄舟に師事。明治十九年警視庁巡査任官。本所元町撃剣世話掛、埼玉県警察本部武術教授などを務め、明治四十一年東京高等師範学校講師に登用される。大日本帝国剣道形の制定にたずさわり、また、明信館や修道学院を創設して多数の剣道家を世に輩出した。享年八十九歳。剣道範士。

大野操一郎

おおの・そういちろう／明治三十四年島根県玉造村に生まれる。松江中学校で芦田長一に剣の手ほどきを受け、大正十一年東京高等師範学校入学、高野佐三郎に師事する。同校卒業後、八代中学校（熊本）や東京巣鴨中学校で教鞭を執り、終戦と同時に、郷里島根の県立産業高校で教職に就く。昭和三十一年、国士舘短期大学教授として招聘され、昭和三十三年からは国士舘大学体育学部教授、同剣道部部長を務めた。享年九十四歳。剣道範士九段。

うことができるのです。どういうことか。そこで必要になるのが「刀の観念」です。

　使い方は別であっても、そのこころのとらえ方は真剣を持ったときと同じような気持ちを持つ。「真剣勝負」という言葉がありますが、この一本が外れれば自分の命はない、竹刀剣道であってもその根本が崩れてしまっては、こんにちの剣道は良くなっていかないと思っています。そういった心がけをしていれば、自分の打ち間でないところから打っていくこともなくなるでしょうし、どうしても打ちたい時は相手をしっかりと崩してから打つことを実践するはずです。私はそうやって、自分の剣道観を高めてきました。

「刀の観念」を得るための一番簡単な方法は、一度真剣を手にしてみることです。刃筋や鎬と口やかましくいっても、真剣を見たことがなければその理解も充分なものにはなりません。しかし、真剣を手にする機会というのはなかなかないものです。そこで重要になるのが木刀です。近年、少年指導の現場で「木刀による剣道基本技稽古法」が盛んに行なわれていますが、これは大変良いことです。たとえば日常の素振りを木刀で振らせるだけでも、刃

高野佐三郎から大野操一郎へと伝えられた剣道形六本目

打太刀が小さく小手を打ってくるのに対し、仕太刀はその小手を裏鎬ですり上げる。このとき、すり上げると同時に刃を打太刀の小手に向け、そのまま打太刀の刀の上を滑らせるように右小手を打つ。実践してみると大変理にかなっていることがわかる。

「鎬」を使うには、まず「刀の観念」を持つことが重要となる

筋を意識させる効果はあるはずです。

剣道は刃筋が立たなければ成り立ちません。なぜなら現代剣道は有効打突を争う競技であり、刃筋は有効打突の条件としてしっかりと明記されているからです。いかにして刃筋の立った打突を繰り出すか、これが一番の問題なのです。刃筋というのは、ただ刃が下を向いていればよいというものではありません。姿勢、構え、手の内などすべてが合わさって、はじめて刃筋が立つのです。これは竹刀だけを持っていては、なかなか気づくことのできない感覚であると思います。

私はいち早く、剣道を修練するみなさんに「刀の観念」を持ち合わせていただきたいと思っています。「刀の観念」は決してみなさんの剣道を縛るものではありません。むしろ、剣道を広く、そして深いものにしてくれます。ぜひ「真剣勝負」の気概を持って、稽古に臨んでみてください。いつの日か、新たな剣の世界が広がることと思います。

「鎬」を使った攻め

相手の剣にすり込むように表鎬を使う

先にも述べましたが、現代剣道は昔に比べ、鎬による攻防が格段に減ってきていると感じます。打とうとする気持ちが先走るあまり、攻防の重要性を忘れ、相手を制することのないまま打突に出てしまうのです。これではもし打突部位にあたったとしても確実な一本とは言えないでしょうし、むしろ相手に返されてしまう可能性も高いでしょう。

打突の機会は、自分の打ち間を理解し、剣の攻防で相手に勝ってはじめて生まれます。では相手に勝つとはどういう状態のことを指すのでしょうか。決してことさらに竹刀を押さえ込むことではありません。相手が打突に出ることのできない状態、もしくは出てきても容易に返すことのできる状態にすれば、それはもう勝っているということなのです。剣の攻防とは中心の取り合いです。中心を制していれば、相手のどんな打突も怖いものではありません。

相手の中心を制するには、鎬を使った攻めが大変に有効です。相手の竹刀を押さえこもうとすると、たしかに相手は身動きが取れなくなるかもしれませんが、こちらの剣先も中心から外れ、相手を正しく打突することができません。その点鎬を使えば、こち

❶

❷

らの剣先は相手の中心を外れることなく、相手の剣先をこちらの中心から外すことができるのです。

　鎬を使った攻めの一番重要なポイントは、鎬を相手の剣にすり込むようにして攻め入ることです。そうすることで、こちらの剣の身幅分だけ、相手の剣先は中心から外れることになります。「鎬」という言葉だけを聞くとなにかむずかしい気がしてきますが、これは四つ割の竹刀においてもまったく同じことが言えます。四つの竹の左右二枚を表鎬と裏鎬と考え、真剣や木刀と同じように鎬をすり込んで攻め入る。そうすればかならず相手の竹刀は自分の中心から外れ、相手を制することができるはずです。

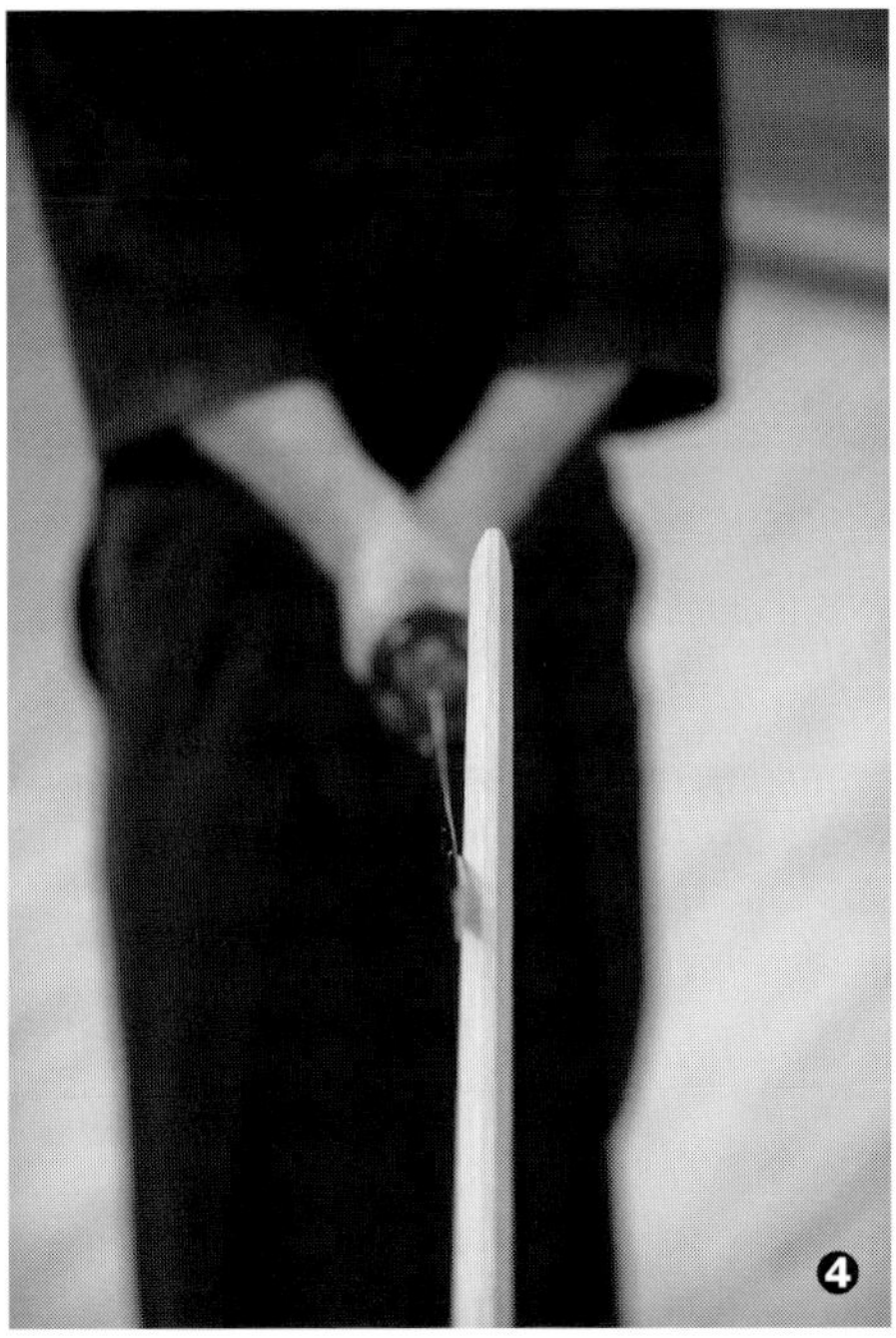

表鎬をすり込む

触刃の間から交刃の間に入る際に、自分の剣の表鎬を相手の剣にすり込むようにして攻め入る。そうすることで、自分は相手の中心を制し、相手の剣先は身幅分だけこちらの中心から外れることになる。

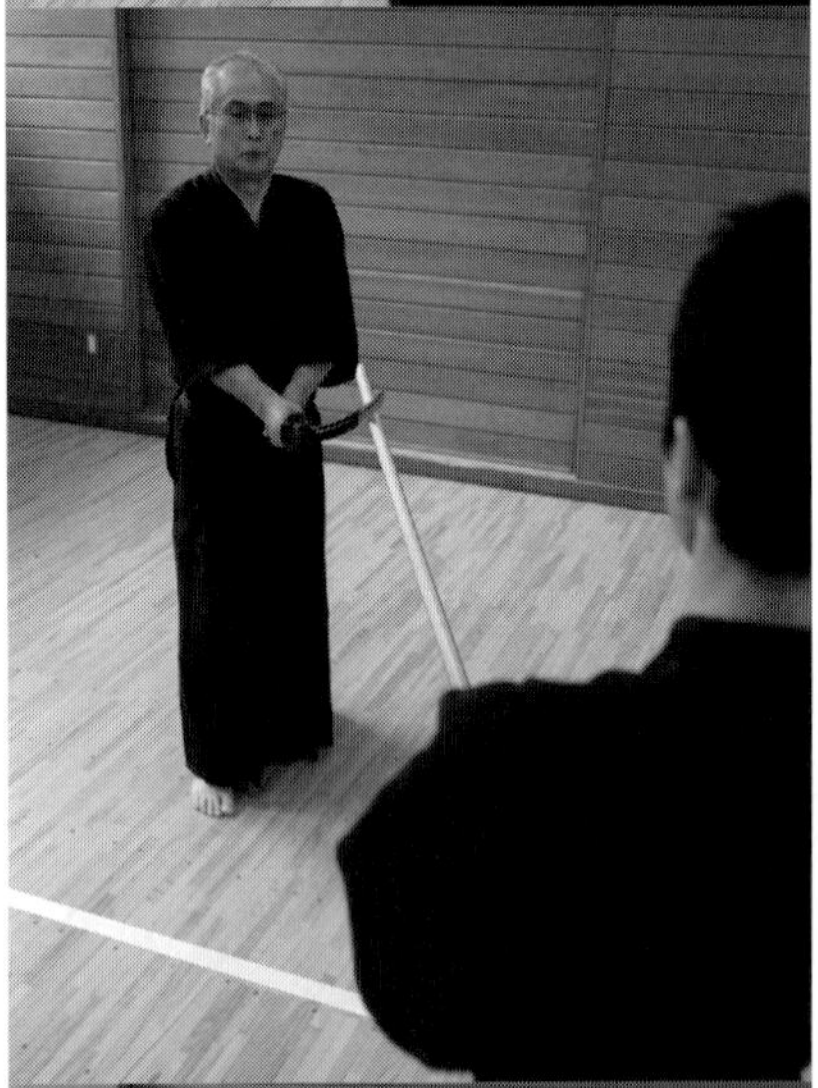

「鎬」を使った攻め返し

攻め入ってくると同時に相手の中心を鎬で制す

相手が攻め込んできた場合に対しても、鎬は有効に使えます。攻防の中で相手が攻め入ってきたとき、みなさんはどのような対処方法をとるでしょうか。下がって間を切る、もしくは防御の体勢をとる、近年、試合などではこういった対処方法がよく見られます。

剣道には「懸待一致」という考えがありますが、やはり、攻撃と防御は表裏一体でなければなりません。間を切ったり防御姿勢をとってしまっては、一本は打たれないまでも、こちらから攻撃することもできなくなってしまいます。

大野先生は「懸待一致」を地で行く人でした。相手の攻めに対し一切下がることがない。なぜそのようなことができるのかと不思議に思っていましたが、答えは鎬の使い方にありました。大野先生は相手が攻め入ってきたとき、むしろこちらからその攻めに応じて一歩前に出ていたのです。その際、鎬を利かせ、かならず相手の中心を制していました。

これは、手先だけでやっても通用するものではありません。相手は気の充実を感じて間合を侵してくるわけですから、こちらにもそれ以上の気の充実と、くるならこいという気構えが必要となります。

一歩入って攻め返す

相手に攻め入られたとき、間合を切ったり防御姿勢をとってしまっては相手の攻めを受けるだけになってしまう。相手が攻め入ってきたときは、むしろこちらから一歩攻め入る気概を持ち、そのとき鎬を使って相手の中心を制していれば「懸待一致」を実践できる。

実はこの気構えが、応じ技では大変重要になってきます。攻められたときに攻めかえすくらいの余裕がこころになければ、応じ技は成功しないのです。ですから応じ技を巧みに使いたいのであれば、まず鎬を勉強し、攻め入られても動揺しない気構えを自分の中につくっておくべきでしょう。

「鎬」を使った応じ技

小手すり上げ面は払いにならないよう注意する

小手すり上げ面はすり上げ技の中でも一番オーソドックスなものです。オーソドックスなだけに基本的な鎬の使い方が重要となるので、まずこの技で鎬の理解を深めていくと良いでしょう。

相手が小手を狙って打突してくるのに対し、こちらはできる限り近くまで相手を呼び込んで竹刀をすり上げます。そうすると相手の竹刀は中心から外れ、こちらはすり上げたところからそのまま相手の面を打つことができます。

ここで重要になるのは、決して相手の竹刀を払ってしまわないことです。相手の竹刀を払ってしまうと、こちらの剣先も相手の中心から外れてしまう上、そこから打突へとつなげる際に体勢が崩れてしまいます。

鎬を使うことの意味は、攻防一致の剣道を実践することでもあります。相手の攻めをすり上げて挫く、そこで打突の機会をつくり出し、すり上げたそのまま打突する。この流れを頭に思い浮かべながら稽古をするよう心がけてみてください。

小手すり上げ面（裏鎬）

相手が小手を打ってくるのに対し、できる限り手元まで呼び込んで竹刀をすり上げ、すり上げた竹刀をそのまま落とすように面を打つ。

すり上げは払いにならないよう注意が必要。払ってしまうとこちらの剣先も相手の中心から外れ、体勢の崩れを招いてしまう。

「鎬」を使った応じ技

面すり上げ面は徐々に半円を小さくしていく意識を持つ

続いては面すり上げ面です。これはすり上げ技全般に当てはまることですが、すり上げには表裏があります。表鎬ですり上げるか、裏鎬ですり上げるか。どちらですり上げるかによって後の体さばきに変化が起きますが、すり上げのポイント自体は変わりません。

すり上げの指導を受ける際に、よく「半円を描くように」という説明がされます。相手の竹刀を半円を描くようにすり上げ、円の頂点に戻ってきたところで振り下ろす。まさしく理にかなっています。しかし、これは上級になればなるほど相手の動きにも無駄がなくなってきますし、実践がむずかしくなることも事実です。

私は常日頃から、まっすぐすり上げる意識を持って稽古に臨んでいます。修行の過程の中で半円を徐々に小さくしていき、最終的には直線的にすり上げる、これが理想のすり上げ技ではないでしょうか。大きな剣の動きは色になります。できる限り最小限の動きで最大限の効果をもたらすよう、修練を重ねていきましょう。

面すり上げ面（表鎬）

相手が面に出てくるところを表鎬ですり上げ面を打つ。ポイントは自分の剣先が半円を描くようにすり上げることだが、上級者は直線的なすり上げを意識し、半円を描くのと同じ効果が得られるよう稽古したい。

面すり上げ面（裏鎬）

相手が面に出てくるところを裏鎬ですり上げ、半歩退くようにしながら相手の面を打つ。相手の出具合によってこちらも体のさばきを調整し、確実に物打ちで相手の面をとらえられるようにする。

「鎬」を使った応じ技

面返し胴は相手の竹刀をしっかりと表鎬に乗せる

面返し胴は、打突時にきちんと刃筋が立っているかどうかが問題です。刃筋の立った胴技を打つためには、返すときの鎬がどうなっているかを確認してみる必要があります。

相手が面を打ってきたとき、みなさんは竹刀のどの部分で相手の技を受けているでしょうか。もし刃部で受けているようであれば、その胴打ちは刃筋の立っていない可能性が極めて高いと思います。

これは実際にやってみると良くわかります。刃部で相手の打突を受けると、その後の返しがスムーズにいかず、相手の胴を平打

面返し胴

相手の竹刀を表鎬で受け、そのまま手首を返して相手の右胴を打つ。相手の打突を表鎬に乗せることで、刃筋の立った鋭い打突を繰り出すことができる。

ちしてしまうことが非常に多い。面返し胴は、相手の打突を表鎬に乗せるのが鉄則です。そうすることによって、無理のない返しから刃筋の立った胴打ちを繰り出すことができます。

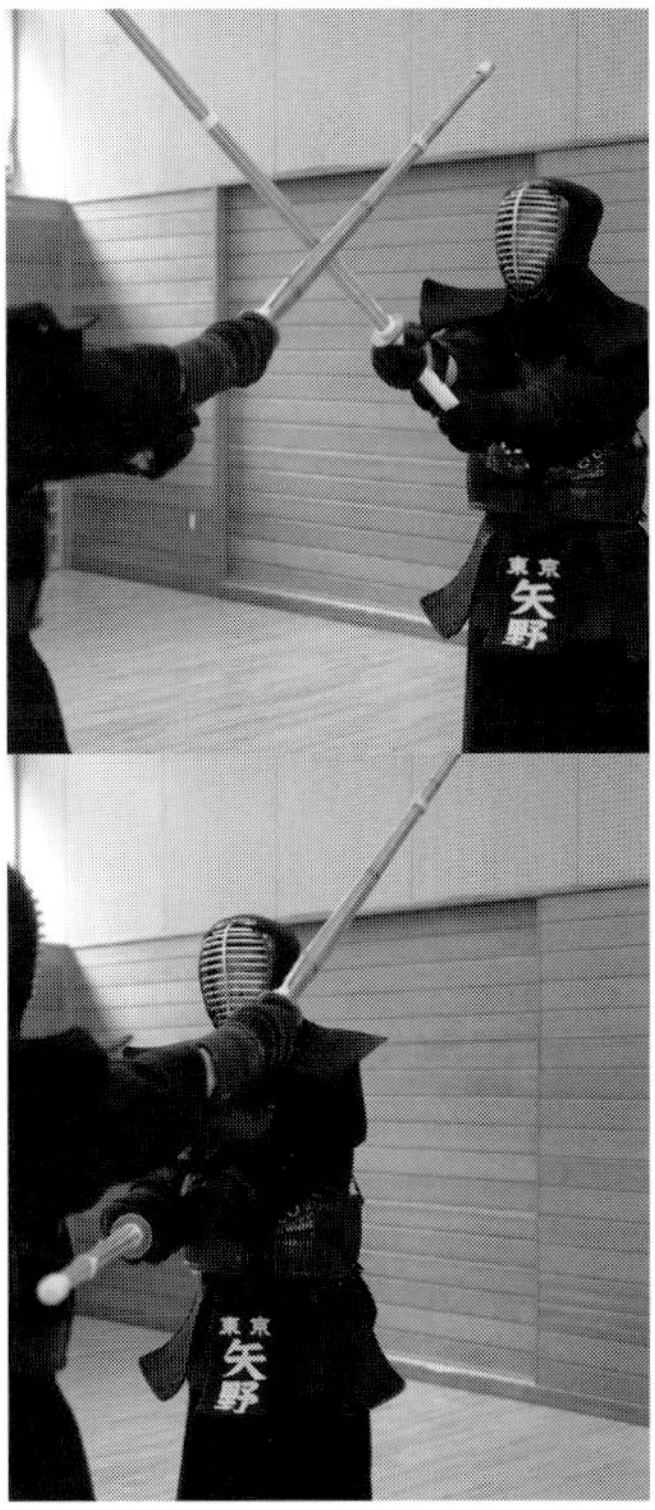

相手の打突を表鎬で受ければスムーズに技を返すことができ、刃筋の立った胴打ちになる。

相手の打突を刃部で受けると、その後の返しがスムーズにいかず平打ちになってしまうことが多い。

表鎬で打突を受けるためには、相手の竹刀をむかえるような気持ちで差し出すとうまくいきます。ぜひ、実践してみてください。

「鎬」を使った応じ技

小手返し面は半歩横に開きながら相手の打突を表鎬に乗せる

最後は小手返し面です。あまり見かけたことのない技かもしれませんが、これも鎬を使った立派な返し技です。私の経験上、この小手返し面は相手をとらえることができればまずほとんどが一本になります。鎬を勉強する上では大変重要な技ですので、ぜひ稽古してみてください。

先ほど面返し胴のポイントとして、相手の打突を表鎬に乗せることを強調しましたが、この小手返し面も相手の小手技を表鎬に乗せることが重要となります。しかし、面技と違って打突部位が低いので、普通に鎬で受けようと思ってもなかなかうまくいきません。

コツは半歩横へ体をさばくことです。そうすることで相手と充分な距離ができ、間合が窮屈にならなくなります。しっかりと表鎬で相手の技を受けたら、すばやく手首を返して相手の面を打ちましょう。

小手返し面

相手の小手を表鎬で受け、素早く手首を返して面を打つ。相手との間合が窮屈にならないよう、半歩横に体をさばくことがポイントとなる。

半歩横へ体をさばくことで、相手の技をしっかりと表鎬に乗せることができる

剣道極意授けます

太田忠徳の道場では教えない入り身の技

彼に遠い間合は我にも遠いのが道理。しかし入り身の技をもってすれば、彼に遠く、我に近い間合を実現させることができる。時に鋭く、時に軽やかな自在の足さばきをもって鳴る太田忠徳範士が語るその極意とは――。

太田忠徳範士

おおた・ただのり／昭和十六年千葉県生まれ。修道学院出身の福岡明範士に剣の手ほどきを受け、匝瑳高校卒業後、警視庁へと進む。選手、指導者として数々の功績をあげ、警視庁剣道主席師範を務めたのち、平成十二年に退職。現在は全日本剣道道場連盟専務理事、日本武道学園講師などを務める。剣道範士八段。

自在の足さばきと体さばき、刀法の理解が剣道の幅を大きく広げる

「入り身」とはまた、難しいテーマをいただきました。通常、剣道形の小太刀の形にある入り身とは、充実した気勢をもって相手の手元に攻め込み、自由自在に変化して勝ちを制することを指します。そして攻めと打突は一体でなければならず、小太刀の形ではその一連の動作を学ぶことができ、ひいては竹刀剣道の攻めを体得することにもつながります。

ただし、これらは長い剣道修業の先に見えるものであり、自身の充実はもちろん、彼我の関係を理解せずしては成り立ちません。決してひとりよがりな足さばきや体さばきで行なえるものではないということをまず知っておいていただいた上で、入り身の技を体得するために必要な過程を、今回はお話しさせていただこうと思います。

入り身の技を実践するためには、前後左右斜めいずれにも素早く動くことのできる足さばきと、それに伴う体さばきの修得がかかせません。そんなことは当たり前だと思われる方もいらっしゃるかもしれませんが、昨今の剣道を見ていると、どうもそうとは言い切れないようです。直線的なやり取りがあまりにも多く、体を左右や斜めにさばくという当たり前の動きさえ、見かけることが少なくなりました。私が教えをいただいてきた剣道とは、質そのものが変わってしまったかのようです。

正面から相手を割って打ちこむ技は、たしかにすばらしいものです。しかし直線的な剣道への偏重により、相手の技をただ受けるだけという悪癖が横行してしまったことも事実でしょう。なぜ相手の技を受けてしまうのか、そこには打たれたくない、負けたくないという意識が働いているのはもちろんのこと、現代の剣道から刀法の意識が薄れてきていることも、大きな要因となっていると思います。

刀法の鉄則は、刃の下に身を置かないことです。刃の下には死が待っている、そこで先達は体さばきを磨き、入り身の技を修得しました。命のやり取りがない現代剣道においては、こういった心がけをしなさいという方が土台無理なことかもしれません。しかし、心がけが難しいということと、刀法を無視していいということは決して同じではないのです。やはり現代剣道にとって刀法は切っても切り離せないものであり、刀法の理解が剣道をまた一つ奥深いものにしてくれます。刀法を勉強し、理にかなった剣道を身につける。その上で入り身の技を体得できれば、攻撃と防御

が表裏一体となった剣道が実践でき、ますます剣道の幅が広がっていくものと思います。

師匠の姿を見て学ぶ話

足さばきや体さばきのお話をしていてまず真っ先に思い浮かぶのは、私の師匠である福岡明先生（範士八段）です。福岡先生は修道学院で修業されていた方で、かの有名な高野佐三郎先生の内弟子でもありました。高野先生の家に住み込み、四六時中徹底して鍛えられていたそうです。

私がはじめて福岡先生にご指導をいただいたのは、中学二年生のころだったと思います。そのころの福岡先生はご自宅の庭で地域の剣道家に対して指導をしており、私もその中の一員でありました。

先生の指導は昔ながらの方法で、今のように言葉で伝えるといったようなことはほとんどありません。ただ範を示すだけです。身長は百五十センチ程度と小柄でしたが、その足さばきは実にみごとなものでした。当時の私はまだ剣道をはじめたばかりの未熟者でしたが、子供ながらにも先生の剣道が眼に焼きつき、なんとかまねをしようと試みたものです。

とくにすばらしいと感じていたのは、姿勢の美しさです。大きな相手にもまったくひるむことがなく、蹲踞から立ち上がるとすかさずスッと間を詰めている。つねに足は動いており居着くことがない。それでいて、立ち姿は一切乱れることがないのです。この足の遣い方については、警視庁に入ってからいただいた教えにピンとくるものがありました。

〝剣道の足さばきは白鳥のようでなければいかん〟

白鳥は湖面を静かに移動しているように見えますが、その実、水の中ではせわしなく足を動かしています。剣道においては、足は決して居着くことなく動かしておきながら、上体はぶれることがない。それはまさしく福岡先生の足遣いでありました。幼少のころから先生の姿を見て学んだ私は、いつのころからか先生に似ているとの評価をいただくようになりましたが、指導者として経験を積むにつれて、範を示すことの難しさを感じます。その意味でも、最初の師匠が福岡先生であったことはとても幸運なことでした。

〝動いたらパッ〟の話

高校を卒業後、警視庁にお世話になってからは数々の大先生に指導をいただきましたが、その中でも印象に残っているのは体育専科時代にご指導いただいた増田真助先生です。

増田先生の教えは〝動いたらパッ〟。言葉だけだと何のことやら解りませんが、実際に先生と稽古をしてみると、まさにこの言葉通りでした。お互いに構えた状態からこちらが出ようとすると、裏からパッと押さえられる。その状態から少しでも動こうものなら、小手がスパッと飛んできます。この小手技が絶妙で、警視庁内では〝コテマス〟という異名で呼ばれていました。見ている分には軽い打ちのようでしたが、実際に受けてみるとまったくそんなことはない。前に出ても小手に押さえられ、後ろに退がれば小手から面がくる。そうかと思えば咄嗟に間合を詰めてきて面、手も足も出ないとはこういうことかと知りました。

今思えば、増田先生は入り身の技がとても達者であったのだと思います。最小限の体さばきで相手を制す、これはなかなかできるものではありません。それだけ本体ができていたのでしょう。本体とは剣道を行なう上で必要な基礎体力や技術のことであり、相手の動きに自在の足さばきと体さばきをもって対するには、まず基礎的な訓練が必要不可欠です。かの宮本武蔵も五輪書の中で「よくよく修練すべし」と説いていますが、当時の警視庁の先生方はみな、本体がきちっとできていました。

昨今は理に走りすぎるあまり、本体をつくることをおろそかにして剣の技術ばかり磨こうとする傾向が見受けられますが、これはゆめゆめ戒めなければならないことです。本体ができていなければ、入り身の技を身につけるなど遠い先のことだと思ってください。まずは基礎を固めること、それができてはじめて増田先生のような、相手の動きを制して打つ入り身の極意を体得するスタートラインに立てるのです。

日本剣道形の話

一般の剣道愛好家の方々は、「日本剣道形」についてどのような理解をお持ちでしょうか。私は昭和六十三年、全剣連の要請で剣道形のビデオ撮影に関わらせていただいて以来、より深く日本剣道形について考えるようになりました。

剣道形には剣道の大事な要素がすべて含まれていると言われます。これはまさしく本当のことで、剣道形というのは先達が命を賭けて編み出した技を体系的にまとめたものであり、目付や機会、手の内、残心、そして今回のテーマである「入り身」も、形の中で大変に良く表わされています。

剣道形は昇段審査の課題として、ほとんどの剣道家に浸透しています。しかしその中でどれだけの人が剣道形を進んで勉強されているか。審査前に復習をする程度の方が大半ではないでしょうか。これは実にもったいないことです。私はこの剣道形の重要性に気づいてからというもの、何度も反復して剣道形の稽古を積みました。なぜならそこには正しいものしかなく、稽古を積み重ねて身体に動きを染み込ませることで、理にかなった剣道が身に着くと思ったからです。

体さばきに焦点を当ててみれば、剣道形十本の中には、前後左右斜めすべての体さばきが含まれています。そしてそれらはただ含まれているだけではなく、かならず最後は勝つようにできているのです。さらに加えるならば、悪癖の矯正にも役立てることができます。

昨今の時代背景から、剣道を学ぶ場所は公の体育館などが多くなっています。そういった場所は時間で区切られていることもあり、剣道は稽古の時間を設けるだけでも大変になりつつあります。

その中で剣道形を学ぶ時間をとるのはもっと難しいことでしょう。

福岡明

ふくおか・あきら／明治三十年千葉県生まれ。大正四年に修道学院へ入門し、高野佐三郎の内弟子となる。皇宮警察を経て千葉県で教員となり、中学校から大学まで幅広く剣道指導を行なう。昭和十六年、満州鉄道株式会社に勤務となり、戦後郷里に戻ってふたたび教鞭を執る。晩年は正気館道場にて弟子の指導に専念。千葉県剣道連盟副会長。享年九十七歳。剣道範士八段。

増田真助

ますだ・しんすけ／明治三十四年生まれ。十一歳で中山博道の主宰する有信館に入門。攻玉社中学から専修大学を経て、大正十四年に講談社へ剣道師範専任として入社する。皇紀二千六百年天覧試合指定選士の部で優勝。戦後は妙義道場、野間道場、警視庁などで指導にあたった。享年七十一歳。剣道範士八段しかし、剣道形ならば一人稽古としても適していますし、かくいう私も一人自宅の庭で剣道形の稽古を重ねました。一人稽古ですから、相手から打たれることもありませんし、集中して稽古に臨むことができます。ぜひ、剣道形の稽古に取り組んでいただければと思います。

入り身の話

では入り身の技を可能にするための要素について、いくつかお話していこうと思います。

剣道には古くから「一眼二足三胆四力」という教えがあります。この一眼、二足、三胆、これらが備わってはじめて、「四力＝技」としての入り身が可能になります。

まずは一眼。遠山の目付で相手の動きを敏感に察知し、打突の機会を感じ取ります。次に二足。これは前述したとおり、本体をしっかりと作っておくことです。直線的な前後の動きだけでなく、前後左右斜めに自在に動ける足さばきを身につけておく、これが大事です。その上で上体のぶれない白鳥のような体さばきができれば、相手のどのような動きにも対応ができるはずです。

そして最後は三胆。胆とは胆力のことであり、つまりは気迫です。剣道は対人競技ですから、いくらこちらが多彩な攻め口をもっていたとしても、相手がこちらの攻めに対し圧力を感じなければ打突の機会を見出すことはできません。「四戒」という言葉が

全日本剣道演武大会で日本剣道形を打つ太田忠徳範士

「一眼二足三胆」がそろってはじめて、崩れのない打突が実践できる

ありますが、こちらが先の気位をもって攻めることにより相手の心には驚懼疑惑が湧き出てきます。その瞬間が、入り身の機会となります。

*

剣道は生涯続けることのできる稀有な武道です。しかし正しい基本が身についていなければ、それも実行することは難しいでしょう。今回「入り身」をテーマに足さばきや体さばきについてお話させていただきましたが、これらはすべて正しい剣道の実践につながってきます。ぜひ正しい剣道を身につけていただき、自由闊達な懐の深い剣道を行なっていただければと思います。

凝りのない構えが入り身の原点

入り身の技を実践するためには、まず基本の構えがしっかりとしていなければなりません。構えが不安定だと足さばきや体さばきにも支障が生じますし、なにより相手に攻めの機会を与えてしまいかねません。構えはすべての基礎になるものですから、つねに正しくありたいものです。

構えのポイントは〝上虚下実〟です。肩に力を入れることなく腰を締める。自然体を心がけましょう。自然体というと難しく考えてしまいがちですが、普段歩く姿を想像するとよいかもしれません。肩に力を入れて歩く人はいないですから、上半身を柔らか

構えは上虚下実を心がけ、どこにも凝りのないようにする

く、そのままの気持ちで竹刀を持てばよいのです。

そして上虚下実の構えを実践するためには、声の出し方も重要になります。声を出す時に喉から出すと、上半身に力が入ってしまいます。声は腹から出すようにすると下腹に力が入り、上半身は適度に力が抜けてきます。

身体のどこかに凝りがあっては、余裕のある構えになりません。相手との攻め合いでは一点を凝視するのではなく、遠山の目付で相手を俯瞰的に見ることによって、気持ちは放心し、凝りなく構えることができます。速く打とう、強く打とうという邪念を払拭し、心に余裕をもって構えていれば、相手のどんな動きにも素早く対応できるようになるはずです。

目線は一点を凝視するのではなく相手全体をみるようにすることで、凝りなく構えることができる

切り返しと掛かり稽古で本体をつくる

師匠である福岡先生や増田先生が実践されていたとおり、姿勢を崩さず攻め合いを続けていればどこかで入り身の機会が見えてきます。しかし、この姿勢を崩さないということが容易ではなく、体勢を維持するためには基本的な足腰の強さが必要不可欠と言えるでしょう。

足腰の強さを剣道の稽古で維持するためには、切り返しと掛かり稽古が最適です。大人の稽古会では時間のほとんどを地稽古に費やしてしまいますが、それでは加齢とともに足腰が弱っていき

切り返しや掛かり稽古を行なうことで本体をつくり、基本に忠実な体さばきを身につける

ます。できるかぎり切り返しと掛かり稽古の時間を設けておくようにしたいものです。

切り返しと掛かり稽古には足腰の強さを養うだけでなく、剣道の基礎訓練のほとんどが含まれています。とくに腰から出る打突は、この二つの稽古を体勢の崩れに注意しながら行なうことによってかならず身についていきます。私が現役のころは大先生を相手にこれらの稽古を行なったので、それは厳しいものでしたが正しい剣道に導いてもらいながら剣道の本体をつくることができました。上位の先生に掛かることは決して楽ではないですが、苦労した分、必ず自分に返ってきますので、機会があれば積極的に掛かっていくようにしたいものです。

日本剣道形で一拍子の足さばきと体さばきを学ぶ

入り身の技を実践する上で、日本剣道形はよくよく学んでおきたいものです。なぜなら剣道形には前後左右斜めすべての足さばきとそれに伴う体さばきが正しいかたちで網羅されており、稽古を積んで身体に染み込ませれば、それが自身の剣道に直結してくるからです。

剣道形というと昇段審査のためのものというイメージがあるかもしれませんが、決してそうではありません。剣道形は先達の技術の粋がつまっており、日常においても正しい修練を続けることで、通常の稽古では得られない効果を与えてくれます。

剣道形でとくに学んでいただきたいのが「一拍子」の足さばきです。これは、たとえば二本目で相手の小手を抜いた時、三本目で相手の入れ突きをなやし突き返した時など、どの場面でも同じ足の遣い方をします。審査会場などで剣道形を見ていると、相手の技を抜いて「イチ」、そこから踏み出して打って「ニ」という二拍子の動きをよく見ますが、これではまだ剣道形の本質が見えていません。相手の技を抜きつつ打つ、相手の突きをなやしつつ

突き返す、この「つつ」がポイントで、つねに動作は一拍子で行なわなければならないのです。

自分の動作が一拍子か二拍子かを見分けるには、右足のかかとに注目してみてください。抜いた時やなやした時、左足のかかとを上げておくのは鉄則ですが、右足を引きつけた時にかかとが床についてしまったら、それはもう二拍子です。かかとが床についてしまうと、ふたたび動き出す時に体勢を立て直す余計な時間がかかります。一拍子の足さばきはどんな時も決してかかとをつくことなく、さばきから打突を一連の動作で行ないます。そうすることで、軽やかな崩れのない体さばきができるようになります。

そして剣道形を学ぶ中でもう一つ注意しておいてもらいたいのが、刃の下に身を置かないという刀法の基本、真剣勝負の心がけです。剣道形は通常の稽古とは違い、相手から打たれることがありません。そこで気を抜いた稽古をしてしまうか、それとも、打たれることへの雑念なくもっと集中して稽古に取り組むことができるかで、剣道形の効果はまったく違ったものになります。

真剣勝負の心がけをもち、相手が振り下ろしてくる木刀をギリギリのところで抜いたりさばいたりすることで、正しい体さばきが身に付きます。入り身は攻めと打突が一連の動作であり、その手本は剣道形にあります。ぜひ真剣に剣道形を学んでみて下さい。

日本剣道形二本目に見る一拍子の足さばき

相手の技を抜く時に右足のかかとが床に着いてしまうと、ふたたび前に出る時に体勢を立て直さなければいけません。抜くところから打つまで一連の動作で行なえるよう、一拍子の足さばきを修練しましょう

日本剣道形三本目に見る一拍子の足さばき

二本目と同じく右足のかかとを着けずに、一拍子で突き返す。
防御から攻撃にすぐさま転じることができる

日本剣道形四本目に見る左右の体さばき

剣道形には前後左右斜めすべての足さばきが含まれており、正しく修練すれば自在の足さばきが体得できる

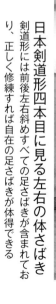

剣先を利かせ、上から覆いかぶさる気持ちで乗る

攻め合いによって有利な状況をつくり出すためには、まず気持ちで先をとっておくことが重要です。よく「先の気位」と言われますが、絶対の自信から発する威力が相手に驚懼疑惑の念を与え、入り身の機会を生み出すことになります。

剣先を利かせて相手を圧し、相手が出ようとするところを感じ取って上から覆いかぶさるように乗ります。この時、相手の竹刀をしっかりと中心から外しておくことが肝要であり、そうすることで完全に相手は死に体となります。打つ手がなくなった相手はここから無理に打って出るか、もしくは一度退がって態勢を立て直そうとするはずですが、すでにこちらが先をとっていますから、出てくればそのまま面に、退がってもスッと間を詰めて同じく面に乗ることができます。

この技は、表だけでなく裏からも左右からも相手を押さえて打つことができます。重要なのは先の気位と相手の竹刀を完全に外すことですから、日本剣道形を思いだして前後左右斜め自由に足を遣い、相手を制してみて下さい。直線的な剣道にはない攻防の楽しさが理解できるかと思います。

相手が出ようとする瞬間を見計らって、上から覆いかぶさるように乗る。すると相手は死に体となり、こちらはいつでも打てる状態になる

体をさばいた後は必ず相手に正対する

左右の足さばきは慣れていない方には難しいかもしれません。しかし、この左右へのさばきが、剣道をまた一つ奥深いものにしてくれます。

ポイントは乗る時と同じく先の気位を持つことです。相手が攻めてくるところを左右にさばくわけですから、気迫で負けてしまってはただ逃げたことになってしまいます。さばくと同時に「いつでも打てるぞ」という気迫を相手に見せることで、相手は死に体となります。

これは日本剣道形の残心に通じるところもあります。残心というのは相手の技に対する備えだと思われがちですが、それは正解の半分でしかありません。本来残心というのは打ったあとも油断せず、すぐさま次の技へと移ることのできる備えでなければなりません。相手の技に対応するのではなく、こちらからいつでも打つことができるという気迫を見せる、そこではじめて勝者と敗者が鮮明となるのです。

体をさばいた後は、必ず相手に正対しなければなりません。それには足の運び方が重要になりますが、剣道形はそこもきちんと網羅しています。崩れのない体勢で相手を制すれば、「彼に遠く我に近い間合」を実現させることができます。

体をさばいた後は必ず相手に対して正対する。そうすることで、
「彼に遠く我に近い間合」を実現させることができる

剣道極意授けます

小林英雄の教本には絶対に載っていない 電光石火で打ち切る

剣道は攻めて、崩して、打ち切って勝つ。打ち切りは電光石火でなければならず、躊躇、緩慢は会心の一本を逸する。小林英雄範士（東京大学剣道主席師範）が教本には絶対に載っていないその極意を、あなたにそっと伝授する――。

小林英雄範士

こばやし・ひでお／昭和十七年熊本県生まれ。鎮西高校入学と同時に剣道をはじめる。高校卒業後、昭和三十五年より神奈川県警察に奉職。菊池伝範士、中村太郎範士らの薫陶を受け、全日本選手権や国体などで活躍する。神奈川県警察首席師範を務めたのち、平成十四年に退職。第十二回世界剣道選手権大会男子日本代表監督。現在は、神奈川県剣道連盟会長、神奈川県警察名誉師範、東京大学剣道主席師範などを務める。剣道範士八段

捨て身で打つ稽古を重ねる。自分のパターンを手に入れ、思い切って打つべし。

〝剣道の極意とは何ですか?〟

そんな質問をよく受けます。今回のテーマである「打ち切る」ということも、その一つでしょう。

これから、「打ち切る」というテーマで私が大切だと思うことを話していきますが、読むみなさんに一つ心していただきたいことがあります。それは、剣道は知識だけを頭に詰め込んでも決して強くはならないということです。汚い言葉で申し訳ありませんが、屁の突っ張りにもなりません。読んで理解したら、それを必ず実践する。しかも、一度や二度ではなく、身につくまで何度も稽古をする。そうすることで、言葉がだんだんと身に染みていき、自分のものになります。

いきなり腰を折ってしまうようで申し訳ありませんが、剣道とはそういうものです。その代わりといってはなんですが、剣道にはこれまで先達が残してきた〝名文句〟があります。これは長々とした説明ではないため、いろいろな場面で役に立ちます。たとえば「危ないと思ったら前に出なさい」という言葉。危ないと思ったり迷ったりしたときは前に出る。当たり前のようですが、そうすることで無駄に下がることがなくなりますし、相手の技を潰すこともできます。こういった言葉は稽古の中でパッと思い浮かぶので、すぐ実践することができます。今回の話の中でも、こういった名文句をいくつか紹介していきたいと思います。

打ち切りの話

まずは、打ち切るためには何が必要なのか、そこから話を進めていきたいと思います。

剣道は最後の決めが勝負を分けると言われます。決めと打ち切ることとはほとんど同じ意味合いだと思いますが、では、その決めとは何を指しているのでしょうか。

まず思い浮かぶのは手の内です。どんな技も、手の内が悪ければ打ち切ることはできません。打ち切っていないと指導者に注意を受けているような方は、まず手の内から見直してもらえればと思います。そして、もう一つ大事になってくるのが打ったときの体勢です。鋭く踏み込んで身体全体で打つ、これが大切でしょう。

私は現役時代、神奈川県警の特練員として厳しい稽古を積んできました。自分の剣道にもそれなりの自負をもっていましたが、現役を終えたころ、ある先生に打突が軽いと指摘をいただいたことがあります。どうしたら良いのだろうと試行錯誤しましたが、そこで出た結論が前述した手の内と打ったときの体勢です。この二つを意識しながら稽古を重ねた結果、以後、打ちが軽いと言われるようなことはなくなりました。

手の内や体勢は技術的な要素ですが、打ち切るためには技術以外の要素も必要になります。その一つが発声です。剣道の発声には有声と無声の考え方があり、実際に声が出ていなくても充実していれば一本になると言われます。しかし、無声の技で一本を生み出せるような名人を私は知りません（笑）。やはり、無声でも充実した一本を打てるようになるためには、そこに至るまでに相当な気合、有声での稽古が必要不可欠であると思います。

そして最後は度胸、これでしょう。捨て身の打ちとよく言いますが、技を打ち切るためには捨て身で相手に跳び込んでいかなければなりません。ここだと感じたら思い切って打つ。迷っていたら技が鈍ってしまいます。

鋭い発声と跳び込む度胸、そしてそのときの手の内と体勢、これらが打ち切るために必要な、大きな要素だと思います。

発声の話

それでは、前述した打ち切りの要素について、それぞれ私の見解を述べていきたいと思います。まずは発声についてです。

発声は肚から出せと言われます。私も若いころは、肚や丹田から発声しなさいと指導を受けながらも、よく理解できず喉から発声していました。今になって思うのは、肚から出すにはどうしたらいいかを考えても答えは出ません。まずは、大きな声を出すこと、これは一番だと思います。とくに気合が足りないと注意を受けるような方は、自分に出すことのできる一番大きな声で発声してみてください。これを続けていくと、自然と肚から発声する感覚が理解できるようになります。

そして、発声にも最低限の技術があります。それは声を出すタイミングです。蹲踞から立ち上がり、間を詰めていきますが、あまり離れたところから発声をしても意味はありません。やはり、発声は気が盛り上がったところ、剣先が触れるか触れないかのところで行なうべきだと思います。

発声には決まりがあることを知らない人が最近は多いようです。その証拠に、立ち上がってすぐ声を掛けたり、お互い同時に掛けたり、つばぜり合いのときに掛けたりする場面を多く見ます。

発声の決まりとは、声を交互に出すことです。お互いが自分勝手に発声するのではなく、たとえば相手が丹田から大きな声で気合を出してきたら、自分はそれ以上の気勢で返す。そうすることで気持ちが高まり、俗に言う合気になることができます。合気になれば、自然と技も鋭いものになりますし、ひいては打ち切ることにも繋がってきます。

発声は掛けるタイミングによって、その大きさも変わってきます。ある程度気が高まって間合が詰まったら、そこからは「ヤー」ではなく「ウンッ」といったような、短い気合に変えていきます。剣道が強い人は、もれなく発声も素晴らしい。発声がうまく行かない人は、強い人の発声を真似するところからはじめると良いでしょう。

最後になりますが、発声は何のために行なうのでしょうか。これには二つの理由があります。一つは自分を充実させるため、そしてもう一つは相手を威圧するためです。ですから、むやみやたらに声を掛けてもあまり意味はありません。タイミングを見計らって発声し、ある程度溜めてから打ち出していきます。繰り返しになりますが、合気になる、これが一番重要ですから、稽古でもそのあたりを心がけて臨んでみてください。

手の内の話

古来より〝手の内は相手に見せるな〟と言われます。現代剣道においても、手の内は一番大切なポイントと言えるでしょう。

手の内とは何を指すかと言えば、一つは竹刀の握り方です。握り方にもいろいろありますが、私が気をつけているのは手の弛みです。右手を引っかけるようにして、ほとんど握らずに構えている人をよく見かけますが、それでは打突に冴えが生まれません。〝右手の弛みは気の弛み〟です。左手は小指を軽く締めて、あとの指は締めず緩めずの感覚で握ります。

迷いなく間合に入る。打ち切るには打たれることを恐れない度胸が必要である（写真・徳江正之）

左手の小指を締めると、左腕の裏筋に張りが出て表が緩みます。この感覚が、強い打突には必要不可欠です。手の内というと両手の作用と思われがちですが、私は肘から先はすべて手の内というイメージを持っています。

また、親指と人差し指のまたが弦の一線上にくるように握りなさいとよく言われますが、これをあまり意識しすぎると右手が中に入りすぎてしまいます。これでは冴えのある打突はできません。自分に一番合った構えや握りを早く見つけ出すことが大切です。

昨今は、本や映像で簡単に技術解説を聞けるようになりました。それは決して悪いことではありませんが、ややもすると言葉だけが先行してしまい、反対に上達の妨げになることもあると思います。たとえば打突時の両手の使い方について、右手が押し手、左手が引き手であるという解説があります。現象面を見ればたしかにそうですが、右手は押す動き、左手は引く動きで使わなければならないんだと意識しすぎると、自然に打突することができず勢いがなくなります。手の使い方は、巫女さんが鈴を振るように、もしくはハタキをかけるようなイメージで行なうと良いでしょう。

打ち切ることについて、冴えた打ちとはなにかを考えた場合に、私はスピードが一番大切ではないかと思います。竹刀を振るスピードが遅ければ技は冴えませんし、反対に速ければ打突の力も強くなり、冴えが出てきます。

私は稽古会などで、どうやったら竹刀を速く振ることができるのか、といった質問を受けることがありますが、そのときはまず練習量の少なさを指摘するようにしています。サッカー選手はゴールに向かって何千回ものシュート練習をするそうです。そうすることで力強さと正確性を手に入れることができます。それと同じように、剣道家も打突の強さを求めるためには稽古を重ねるしかありません。週に一回、自分の道場で稽古をしている人と、求めて稽古場を探している人では自ずと打突の強さは変わってきます。一日でも、一回でも多く面を着ける意識をもって稽古に臨みましょう。

捨て身の話

年齢に関係なく、まわりから評価を受けている選手は打突が捨て身になっていると感じます。この捨て身で打つという行為は、捨て身で打ちなさいと言われてもすぐにできるものではありません。何においても同じですが、自分が経験していないことはできないものです。ですから、捨て身で打つということを日頃の稽古の中で経験として得ておく必要があります。

よく大会で優勝した人が、決めた技を振り返って「無心で打ちました」と言うことがあります。私にも同じような経験がありますが、集中して自然と出た技は、あとで振り返ろうと思ってもよく覚えていないものです。ただし、これは何度も稽古で同じことを繰り返し、身体に染みついた技が状況によって自然と反応した結果であり、その前段階では、ある程度「よし行くぞ」という気持ちでいなければなりません。無の境地から打てるようになるには、長い修業が必要になるでしょう。

無心の打ちを手に入れるには、捨て身の稽古を続けることです。ここで一つ勘違いしていただきたくないのは、捨て身の稽古を打たれてもよい稽古だと思ってしまうことです。打たれてもよいからただ闇雲に打っていく、これでは剣道は上達しません。打たれる稽古はもちろん大切ですが、その前提は考えて出した一本かどうかです。そうすることで勘と読みが養われ、自分のパターンを作り出すことができます。

捨て身で打っていくことに関して、もう一つ大事になるのが打ったときの体勢です。一本の要件にあるように、正しい体勢で打突しなければ旗は一本とは認められません。高段者は基本稽古をおろそかにしがちですが、基本稽古こそ大事にしなければなりません。大きく打ち切る基本稽古を重ねておけば、実戦で小さく打つ場合にも冴えのある打ち切った打突になります。

正しい体勢を維持するために必要な稽古はなにをおいても掛かり稽古です。剣道が強くなりたいなら掛かり稽古をやるべきでしょう。それも、ただやらされる掛かり稽古ではだめです。強くなりたいという信念のもと、一本一本の打突を打ち切っていくのです。強い選手の共通点は、出したどの技も一本になるような力強さを秘めていることです。これは掛かり稽古によって養われます。

もう一つ加えるならば、上手の先生に掛かっていくこと、これが大切です。私はどの稽古場でも、つねに上手の先生に掛かることを心がけていました。上手の先生との稽古では打たれます。それはしょうがないことです。そのときに、前述したようにただ打たれるのか、それともなぜ打たれたのかを考えるのかで、成長の度合は変わってきます。つねに考える稽古を実践したいものです。

打ち間に入ったら思い切って打っていくのみ。捨て身の気持ちが打ち切りにつながる

構えの要点は〝足は親指、手は小指〟

打ち切った技を出していくためには、崩れのない構えが必要になります。ここでは構えのポイントについて、私が気をつけているところをいくつかあげていきたいと思います。

「不離五向」を意識して構える。右手右足前のため、身体はわずかに半身になる。へそが相手の右肘を向く程度が自然な構えとなる

構えの要点を表した言葉に〝足は親指、手は小指〟というものがあります。分かりやすいのは〝手は小指〟の方でしょう。よく言われるように、左手の握りは小指に力を入れ、その他の指は軽く握ります。右手も軽く握りますが、引っかけるようにして握っていない人や、右手を開いたり閉じたりしている人をよく見かけます。これではいざ打突に移るときに右手を握り直さなければいけません。握り具合のイメージとしては、子どもの手を引くよう

に、もしくは、傘を差しているときに風が吹いてきたら柄を握りしめるでしょう。そのぐらいの具合はちょうどよいと思います。

〝足は親指〟というのは、足の親指に力を入れることで足の甲が張ります。足の甲を張ることで左足のかかとが上がりすぎず、しかも膝が伸びるため、安定した構えになります。

「不離五向」と言う言葉がありますが、目、剣先、両つま先、へそ、そして心が相手を向くようにして構えます。

握りは手が斜めになるように全指で握ることを心がける。引っかけたり遊んでしまったりしないようにする

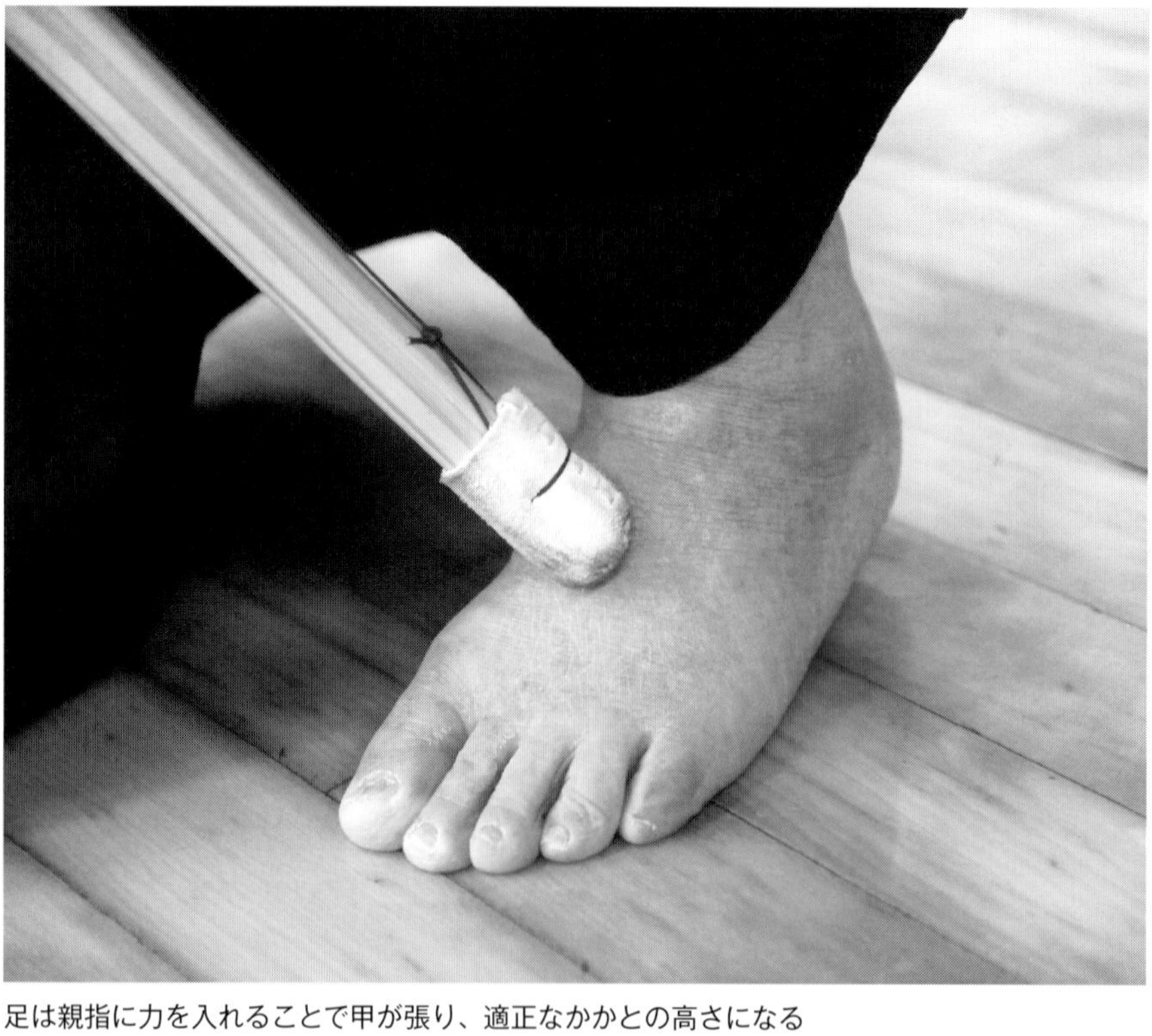
足は親指に力を入れることで甲が張り、適正なかかとの高さになる

構えを崩さず、肩をつかって振りかぶる

手の内をどう作用させるかは、剣道における一つの難問かもしれません。右手が強すぎても左手が強すぎても、打ち切るようなまっすぐな技を出すことができません。

左右の手の力具合を確認する方法として、竹刀を持たずに素振りをするという方法があります。手刀で構え、まっすぐ振り上げてまっすぐ振り下ろす。単純な動作ですが、この稽古をしておくと竹刀を握ったときに自然な振りかぶりができるようになります。

ここで注意しておきたいのは構えを崩さないことです。肘や手首を曲げず、肩をつかって大きく振りかぶっていきます。上段の構えを執るときも、同じように振りかぶります。

竹刀を握るとどうしても力が入ってしまうものです。しかし、余計な力が入っていると打突に冴えが生まれません。竹刀を持っ

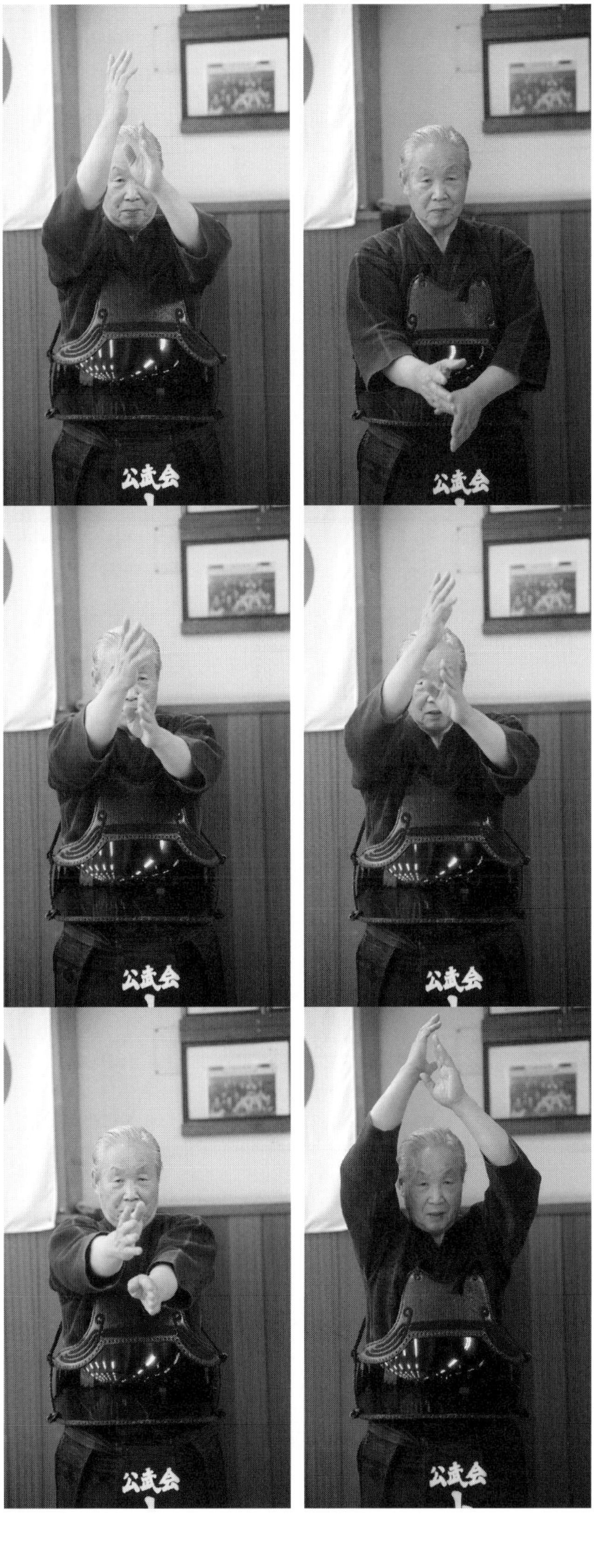

竹刀を持たずに手刀で素振りをすることで、両手の力の入れ具合が確認できる

ても同じ感覚で振ることができるように、何度も稽古をしておくことをお勧めします。

構えのかたちを崩さず、肩をつかって振りかぶる。ことさらに手首や肘を曲げない

あまり遠くに跳ばず、強く踏み込む

打ち切った技を出すためには、打突時の体勢の維持がとても重要です。打突時の体勢がどのようになっているか、今一度確認するためにも踏み込み足に注目してみましょう。

打ち切る、という言葉からは、捨て切って技を出すイメージがあるかと思います。しかし、この捨て切るとは、体勢を崩してでも打っていくということと同義ではありません。いついかなるときも、体勢は崩れてはならないのです。

高段者の稽古を見ていると、あまり遠くまで踏み込んでいないことが分かります。加齢による跳躍力の衰えもありますが、その場で踏み込むような場合でもしっかりと打ち切っている人は大勢います。

遠くに跳ぶことと打ち切りは比例しません。むしろ、強く踏み込むことの方が打ち切ることと大きな関連があります。まずは竹刀を持たず、腰に手を添えて踏み込み足の練習をしてみましょう。

捨て身で打つ場合にも、あまり右足をあまり遠くに踏み出さない。体勢を崩さずに強く踏み込むことを心がける

そして、その感覚を覚えたまま、掛かり稽古や地稽古を行なっていきます。

稽古の中では、すべての技を一本にするつもりで強く踏み込んでいきます。こういった稽古を重ねていけば、つねに正しい姿勢から冴えのある打突ができるようになっていくはずです。

打突後は〝打った姿、しばしそのまま〟

打ち切りは打突をするところまでで完結しますが、一本の要件としてはその後の残心も重要になります。打突時の体勢維持ができていなければ、当然、打突後に素早く相手の横を抜けていくことはできません。

まず大事になるのは、打突に出る前の打ち切っていくという気持ちです。覚悟を決めて捨て身で打っていく。そうすれば正しい姿勢のまま抜けていくことができます。捨て身で打っていくのは容易なことではありません。間合を侵して行くわけですから、どんな人間にも恐れの気持ちが出てきます。しかし、その気持ちを乗り越えなければ、打たれることはあっても、打つことはないでしょう。ここだと思ったらあまり考えずに跳び込んでいくことです。その方が打突に勢いが出て、冴えも生まれます。

打突後のあり方を表した言葉に、〝打った姿、しばしそのまま〟というものがあります。打ったあとの気の緩みを戒めるための言葉ですが、打った後はすぐ振り返らず、素早く抜けてある程度相手との間合をとったところで振り返ることを心がけましょう。

打突後はすぐに振り返らず、素早く相手の横を抜けてから振り返る。これも打ち切りの大きな要因である

手の内を利かせて、手元を下げずに打つ

これは私独特のものなのかも知れませんが、打突に強さと冴えを出すために意識していることが一つあります。それは、振りかぶったところから手元を下げずに打つと言うことです。

この打ち方をするには、まず大きい振りかぶりで打ち切る感覚を養うことが必要になります。私はこのとき、相手にあまり打突を痛いと思わせないことを意識しています。打ち切ろうと思うあまり、竹刀を強く握って打つと技に冴えが出ません。近間から打ちこんでも痛くない、しかししっかりと打ち切っているといったような打突を目指して稽古をするとよいでしょう。

打ち切る感覚を身体で覚えたら、次は小さく打っていきます。前述したように、ポイントは上げた手元を下ろさない意識を持つことです。実際は少し下がっているのですが、手元を下げないことでいち早く相手を打ち、手の内を利かせることでしっかりと打ち切っていきます。

小さく面を打つ

振りかぶったところから手元を下げず、そのまま手の内を利かせて打つ。わずかな時間の短縮により、相手に先んじて面を打つことができる

相手に乗って面を打つ

相手の攻めを上から乗るようにして制し、すぐさま面を打つ。構えの時点で剣先を上げすぎたり下げすぎたりせず、基本の構えを心がける

小さく打ち切ることができるようになったら、あとは稽古の中で攻めを入れ、時と場合に応じた打突のパターンを手に入れることです。引き出しが多くなれば、ここだと感じたときに憂いなく相手に跳び込んでいくことができます。

助けてくれるのは自分だけ、〝心〟を磨いて打ち切っていく

最後に稽古に臨む心がけについて、いくつかお話しておこうと思います。まず、これまで話してきた構えや手の内などのポイントは、最低限、身につけておかなければならない部分でもありますから、しっかりと稽古を重ねて身につけておきましょう。

剣道ではよく〝溜め〟という言葉が使われます。では、溜めとはいったいなんでしょうか。私の理解では、溜めとは打つ前の準備であると思います。構えなどもその一つです。体勢を整え、余計な力を抜いて、気持ちをつくる。これができてから、意を決して相手の間合に攻め込んでいくわけです。

相手の間合に入るときも、むやみに攻めればいいというものではありません。相手に分からないように間合に攻め入る。相手からすれば知らない間に間合を盗まれているわけですから、これも溜めの一つと言えるでしょう。

先ほど、自分のパターンを手に入れておくことが大事だと言いましたが、このパターンになったら打ち切れるという自分独自のものを、強いと評価される人たちはみな持っています。パターンにはまれば、打たれるのではないかという恐さは消えますから、思い切って打ち切ることができます。まずはこのパターンを探し出すことが、打ち切りを身につけるための第一歩と言えるかも知

試合や稽古では誰も助けてくれない。捨て身で打ち切っていく覚悟が必要になる

れません。

＊

試合や稽古においては、誰も助けてはくれません。すべて自分で決断しなければならないわけです。

これまで、技術的なことを多く述べてきましたが、一番大事なのは〝心〟です。「心気力一致」や「心技体」「気剣体」といった言葉があります。これらは、それぞれ意味は違いますが、どれも〝心〟や〝気〟という文字が最初にきています。やはり力や技、体よりも大事なのは〝心〟なのです。

相手を打ち切るためには、打たれる恐さに打ち勝って捨て身にならなければなりません。それには〝覚悟〟が必要になります。ぜひみなさんには、技術のみに頼らず、〝心〟を養う稽古を行なっていただければと思います。

剣道極意授けます

有馬光男の講習会では教われない 究極の決め

剣道は最後の〝決め〟が勝負を分ける。声で決め、手の内で決め、体勢で決め、そしてそれぞれの技における〝決め〟の要諦を知れば、おのずと一本は決まるのである。剣道の最高峰・八段の頂点を決める明治村剣道大会で優勝二回。名人・有馬光男範士が〝決め〟について語る——。

有馬光男範士

ありま・みつお／昭和十八年岡山県生まれ。西大寺高校から大阪府警へと進み、全日本選手権大会二位、全国警察官大会団体・個人優勝など輝かしい戦績を残す。平成五年、八段に昇段。その後、八段の頂点を決める明治村剣道大会で二度の優勝を飾る。現在は大阪府警察剣道名誉師範、花園大学剣道部師範、トールエクスプレスジャパン剣道部師範、大阪星光学院中学・高校非常勤講師などを務め、各地で剣道の指導にあたっている。剣道範士八段

良い手の内が打突に冴えを生み、声と体勢の一致が技を決める

〝決め〟とは非常にあいまいな表現ではありますが、たしかに剣道において〝決め〟というものは存在すると思います。分かりやすいところで言えば、打突にも〝決め〟があります。小手打ちを例にとると、身体や手に無駄な力が入った小手打ちは、打った瞬間に鈍い音が鳴り、相手への痛みも相当なものです。対して適正な力加減で打った小手打ちは、「パクッ」と言う心地よい音もさることながら、相手は心底〝まいった〟という気持ちになるものです。試合を判定する審判員の心情を考えたとき、どちらの打突に旗があがるでしょうか。後者であることは歴然でしょう。この場合で言う〝決め〟とは、言い換えれば「手の内」のことです。〝決め〟を求めていくならば、手の内をやしなうことは避けては通れない道になります。

そしてもう一つ、〝決め〟という言葉と切っても切れない関係なのが「体勢」です。打突時の体勢、打突後の体勢、どちらも重要です。細かい説明は後にしますが、打突時であれば体勢の崩れがないか、打突後であればすぐさま次の打突に移ることができるような体勢になっているか。こういったことを常々意識しておくことで、紙一重の技に旗があがるようになります。これこそ〝決め〟でしょう。

私は小学校四年生のときにはじめて竹刀を握ってから、長きに渡って真剣勝負の場に身を置いてきました。今回はこれまで私が実践してきたものの中からいくつか、〝決め〟にまつわる話をさせていただこうと思います。

恩師・近成弘の話

私の話をする上で、恩師である近成弘先生（範士八段）にご登場いただかないわけにはいきません。私は小学校四年生の時、地元岡山の西大寺武徳殿で剣道をはじめましたが、そこの指導者が近成先生でした。以来、高校三年生までの九年間、先生にはみっちりと鍛えていただきました。先生は古武士のような雰囲気をまとっており、とにかく厳しい人でした。ただし、厳しいというのは体罰であるとかそういったものではなく、とにかく稽古が厳しかったということです。そして、先生の稽古には情がありました。今の自分があるのは、近成先生の指導いただいた九年間があったからだと心底思います。〝決め〟の話から逸れないようにしない

といけませんが、近成先生は指導が抜群に上手で、理論的であり、それまでできなかったことも先生に教わるとすぐにできるようになりました。

近成先生にいただいた指導を振り返ってみると、昔の先生はみなそうですが、何よりも基本を重要視されていました。とくに足さばきの稽古は、足腰が立たなくなるまで何度も何度も繰り返し行なった記憶があります。私は身長が高い方ではありませんでしたし、先生もそうでした。だからこそ、足さばきの必要性を身に染みて感じていたのでしょう。私は今年で七十歳を迎えましたが、年齢を考えれば今でも足さばきは良い方だと自負しています。ここまで足さばきを維持できたのは、取りも直さず先生のご指導のおかげに他なりません。足さばきが良いということは、すなわち体勢の崩れが少ないということにもつながってくると思います。ですから、先生は私に自然と〝決め〟の重要性も指導してくれていたのだと、今振り返って思います。

先生の指導の中でもう一つ、今でも心がけているのが切り下ろしの深さです。先生は打ち方の指導をする際に、面打ちならばここまで、小手打ちならばここまでといったように、切り下ろしの深さを明確にしていました。竹刀は部位を打ったところで止まるけれども、意識としてはもっと深く切り込んでいかなければ打突に冴えは生まれない、そういうことです。先生の打突はこちらが切られたと錯覚するほど鋭いものでしたから、よほど手の内からくる〝決め〟が良かったのだと思います。

昭和三十五年、西大寺高校が中国五県高校剣道大会で優勝した際の一葉。
後列右から三番目、優勝杯を携えているのが有馬範士。その右隣りが近成弘範士

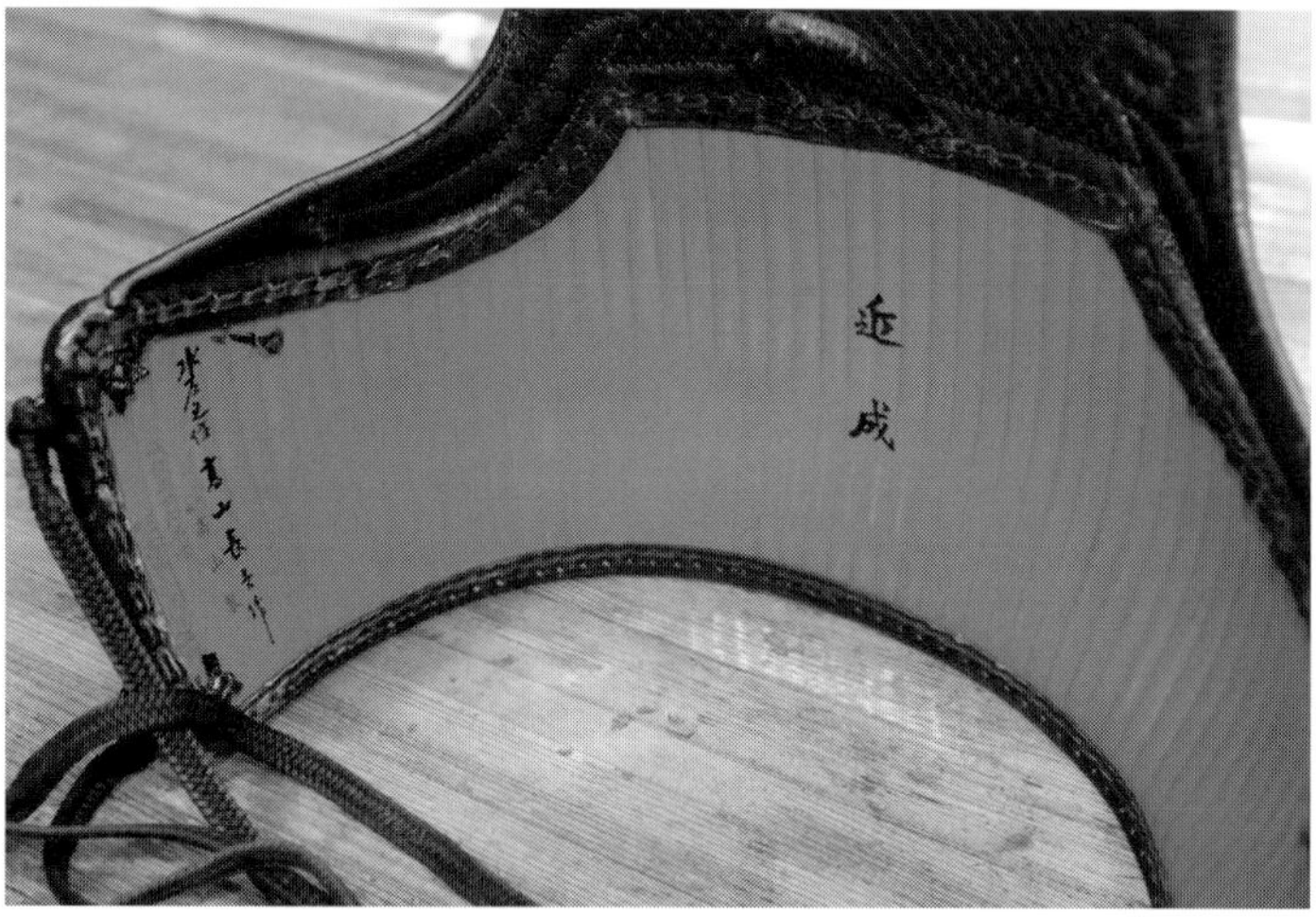

有馬範士は現在でも、大一番の際には近成範士の防具をつけて試合に臨むという

名人・越川秀之介の話

私が薫陶を受けた先生の中で、今回のテーマでもある〝決め〟が最も素晴らしいと感じたのは越川秀之介先生（範士九段）です。越川先生は私が大阪府警察剣道特練生時代の主席師範であり、まさに名人と呼ぶにふさわしい方でした。

越川先生は当時の指導陣の中でもひと際小さく、竹刀も失礼ながらおもちゃのようなものを使用されていました。重さで言えば百匁もない。一匁が四グラム弱ですから、現在の規定である五百十グラムよりもかなり軽かったことになります。

先生はその竹刀を自分の身体の一部かのように扱っていました。打突に冴えを生むためにはある程度の強度、打突の重さが必要になりますが、先生はその軽い竹刀で小手技はもちろん、面技も「パクッ」と打つのですからやはり名人です。聞いた話によると、先生は武道専門学校の主任教授であった内藤高治先生の書生であった当時、手首を柔らかく使うために障子のハタキかけを欠かさなかったそうです。先生の剣道にかける想いに圧倒されると同時に、まだまだ自分は修業が足りないと感じさせられる逸話です。

年に一度の京都大会では、先生の立合を観衆が固唾をのんで見守っていたのを今でも鮮明に思い出します。立合が終わると「ワーッ」と歓声が上がり、武徳殿を拍手が包みました。私は先生の下足番としてお供をさせていただいており、先生の立合を間近で見られたことは大変貴重な経験でした。

私は大阪府警に入ってすぐレギュラーに選んでいただき、越川先生にもずいぶんかわいがっていただきました。今思い出すのは、竹刀の握りに関して指導いただいたときのことです。先生は「有馬、このくらいやぞ」と言って、竹刀を握っていた私の左こぶしをキュッと、先生の手で包んでくれました。あのぬくもりは忘れることができません。昨今は、竹刀はああ握りなさい、こう握りなさいと細かく指導がなされますが、実際どのくらいの力加減なのか言葉では理解しにくいものです。私は先生の手のぬくもりを信じて、その感覚を大事に稽古に励みました。今でもそれは変わりません。

越川秀之介
こしかわ・ひでのすけ／明治二十八年茨城県生まれ。水戸東武館で竹刀を握り、大日本武徳会講習科へ入学する。陸軍第八師団、徳島県警察、武徳会徳島支部、大阪府警察、大阪商業大学などで剣道指導を行ない、戦後は大阪府警察の初代主席師範に就いた。享年七十六歳。剣道範士九段

イタキモチイイ話

〝決め〟がしっかりしている人は、必ずと言っていいほど手の内も良いものです。打突部位を打った時にはもう力が抜けている。これが冴えを生み、ひいては審判員の心に響くような〝決め〟となります。

私は八段に昇段してから、二度にわたって明治村剣道大会で優勝させていただくことができました。はじめて決勝に勝ち上がった第二十二回大会は警視庁の千葉仁先生（範士八段）が相手、翌年初優勝を飾った第二十三回大会も相手は千葉先生でした。ちなみに千葉先生とは、現役時代に全日本選手権でもよく対戦させていただき、私にとっては生涯のライバルと言える大事な人です。

千葉先生は上段からの鋭い片手小手を得意としています。これがとにかく絶品で、先生に小手を打たれると、防具が「パカッ」

と割れるような感覚がありました。よほど手の内が良いのだろうと、試合をしながら感じていたものです。

通常、打突は打たれると痛みが伴います。とくに上段の方と試合をすると、手がしびれ、腕が腫れるようなこともままありました。しかし、千葉先生の打突は違います。ひとことで言えば〝イタキモチイイ〟のです。力まかせではなく、一本一本〝切る〟ことを心がけているのが分かります。そんな技ですから、たとえこぶしに当たったとしても審判員の旗はあがりますし、こちらも〝まいった〟と心を打たれるのです。

打突の機会の話

剣道における有効打突の条件は、みなさんもご存じのとおり「充実した気勢、適正な姿勢をもって竹刀の打突部で打突部位を刃筋正しく打突し、残心あるものとする」です。ただし、これらすべてが揃っていても、相手の隙をとらえることができなければ一本を奪うことはできません。隙とは〝機会〟と言い換えてもよいでしょう。

一、実を避けて虚を打つ
二、起こり頭を打つ
三、狐疑心の動いたところを打つ
四、居着いたところを打つ
五、相手を急かせて打つ
六、技の尽きたところを打つ

剣道は相手がいなければできませんから、打突の機会は相手との相対関係によっていろいろと考えられます。「三つの許さぬところ」や「恐懼疑惑」など、打突の好機を表わす言葉は数多くありますが、すべてに通じているのは相手の〝虚〟を打つということです。

虚とは、相手の精神や気力が充実していない状態を指します。順番に説明していけば、起こり頭とは行動を起こそうとした瞬間、狐疑心とは疑い深く決断しかねている状況です。居着きは相手の動きが止まったところ、急かせるとは相手の心に焦りを生じさせることであり、技の尽きたところは文字どおり、気勢や体勢が出し尽されたところです。これらを的確にとらえることができれば一本になるわけですから、あとは〝虚〟を生じさせるためにはどうすればよいかを考えて稽古に臨まなければなりません。

私は打突の機会を作るために、まず腹の底からの発声で気持ちを盛り上げ、相手に集中することを心がけています。相手に没頭することができれば、攻め合いの中で相手の長所と弱点が見えてきます。当然そこには長年の経験からくる〝勘〟や〝読み〟が大切になってきますが、そういった稽古を常日頃から積み重ねていなければ、いつまで経っても打突の好機は見えてきません。相手の長所を潰し、弱点を攻めるのは勝負の鉄則です。この辺りが分かってくるようになると、剣道がさらにおもしろくなってくるはずです。

機会を意識した稽古を重ねていけば、必ず打突の好機を察知できるようになります。そして察知したときは、ためらわず捨て切っていかねばなりません。剣道は機会をとらえることが一本への近道ですから、技を〝決める〟ためにも機会を意識した稽古は普段から心がけるべきだと考えます。

今年七十歳を迎えた有馬範士。京都大会では万雷の拍手を浴びる存在の一人だ

発声で気持ちを盛り上げ、相手に集中する

有効打突の条件にある「充実した気勢」という文言が示すとおり、一本を決めるためには気勢、もっと分かりやすく言えば発声がとても重要になります。

はるか昔、素面素小手の時代であれば、鋭い発声は相手を威圧するために非常に効果的であったと思います。しかし、現代剣道は面を着けているため、発声で相手を委縮させることはなかなか難しいと思います。

では、発声とは何のためにあるか。私にとって発声とは、自分の気持ちを盛り上げ、奮い立たせるためにあります。腹からにじみ出るような、誰が聞いても違和感のない発声を心がけます。“違和感のない”というのは、昨今学生たちの試合を観ていると、何と言っているのか分からない発声をよく耳にするからです。とくに打突時は、「メン！」「コテ！」「ドウ！」「ツキ！」としっかり発声することが肝要です。

そしてもう一つ気をつけておきたいのは、発声の機会です。遠間から鋭い発声で自身を奮い立たせ、攻め込んでいきます。間合に入ったら無駄な発声はせず、腹に気を溜めて打突の機会を探ります。機会が見えたら捨て切って技を出し、部位をとらえると同時にふたたび鋭く発声します。この一連の流れが、打突を一本に

発声とはただ声を出すことではない。正しい発声を心がければ、気持ちが盛り上がり、相手に集中することができる

するための〝決め〟へとつながると思います。

打突時にはしっかり「メン！」「コテ！」「ドウ！」「ツキ！」と発声することが決めにつながる

素振りで手の内をやしない、打突に冴えを生む

剣道ではよく手の内の重要性が説かれます。たしかにそのとおりなのですが、手の内を鍛えようと思っても、何からはじめてよいのか分からないのが実情ではないでしょうか。

手の内は左右の手のバランスが非常に重要です。右手に余計な力が入っていたりしては冴えのある打突は望めませんし、その逆もまたしかりです。このバランス感覚をやしなうために適しているのが素振りです。とくに竹刀を持たない素振りは、私も近成先生の教えをもとに小さいころから実行してきましたが、手の内を鍛えるのに最も適していると思います。人間はモノを握るから左右のバランスが崩れるのです。竹刀を持たなければ、振り上げも振り下ろしもまっすぐきれいに行なうことができます。

この素振りを励行すると身体から無駄な力が抜け、打突に冴え

近成範士から指導された竹刀を持たない素振り。これを続けることで自然と手の内がやしなわれ、刃筋も正しくなる

が生まれます。力を抜くといった部分では、よく打突時に「腕を伸ばせ」といった指導をされることがありますが、腕を伸ばしきってしまうと身体に無駄な力が入り硬くなってしまいます。肘や手首にある程度自然なゆるみがあった方が、打突には冴えが出ると私は考えています。

打突に冴えを生み出すためには、肘や手首に自然なゆるみが必要となる(上)。腕を伸ばし過ぎると身体に力が入り硬くなってしまう(下)

一拍子で打突し、打突後は背筋を伸ばして決める

技の〝決め〟という言葉から一番連想されるのは、打突時と打突後の体勢かもしれません。体勢を崩すことなく竹刀が部位をとらえれば、多少打突の強度が弱かったとしても審判員は旗を上げるでしょうし、相手も打たれたと感じるはずです。

体勢についてまずポイントとなるのは一拍子の打突です。剣道の打突は一拍子で行なうことが大前提ですし、一拍子で打てば体勢が崩れることはまずないでしょう。仕掛け技に限らず、二段の技や応じ技なども一拍子で打つことを心がけて稽古に取り組めば、それが技の〝決め〟へとつながってきます。

そして打突後は、たとえば面打ちなら素早く相手の横を抜けていき、小手打ちならすぐさま左足を引きつけて相手に身体を寄せます。意識しておきたいのは背筋で、打突後に打たれまいと体勢を崩しているようでは、せっかくの技も一本にはなりません。捨て切って打ちに出たならば、背筋を伸ばして自信を持つことです。そうすれば、それが残心へとつながり、ひいては一本への〝決め〟となるはずです。

打突後は背筋を伸ばす意識を持つと、体勢の崩れがなくなり技が決まる

打突は気剣体の一致した一拍子の打ちを心がけ、打突後はすぐさま左足を引きつけて体勢を整える

面打ちは打突の勢いで決める

ここからはそれぞれの技について〝決め〟のポイントをとなる部分を解説していこうと思います。

まずすべての技を通して言えるのは、打突を〝捨て切る〟ことです。打突を捨て切ることができなければ冴えは生まれませんし、冴えがなければ一本とはなりません。そして、その捨て切った打突が適正な姿勢で行なわれているかどうか、これも重要です。手先だけで打とうとせず、身体全体で相手にぶつかっていくような気持ちを持つとよいと思います。

面打ちにおける〝決め〟のポイントは打突の勢いです。この勢いとは、捨て切った際に生まれる打突の勢いと、打突後の抜ける勢いを指します。とくに打突後は意識をしておかないと、打突した時点で勢いを止めてしまいがちです。打突後は突き抜けるような勢いを保ち、瞬時に相手の横を抜けていくようにしたいものです。この打った後の一歩が〝決め〟につながります。イメージとしては、捨て切った打突から生まれる勢いをそのまま保っていけ

打突の勢いを生む稽古として、遠間から大きく面を打っていく方法がある。この稽古を行なうと打突の勢いを身体で感じることができるので、その感覚を保ったまま徐々に打突を小さく鋭いものにしていく

面打ちを決めるためには打突後の勢いも重要になる。細かく速く足をつかい、打突の勢いを保って抜けていくようにする

ばよいと思います。

打突後、どうしても失速してしまう方は、足の運用に問題がある場合があります。後ろ足で前足を押し進めるような気持ちで、細かく足を運ぶとよいでしょう。

適正な姿勢を保ちながら、体のさばきを使って技を決める

技を〝決める〟には体のさばきが非常に重要です。よく言われることですが、腰から始動する打突は体勢の崩れが抑制されるため、打突の冴えも見栄えも良くなり、そして打突後の移動もスムーズになります。これは常々心がけて稽古に臨むとよいと思います。加えて、体のさばきは前後だけでなく、左右も同じようにさばけるよう稽古しておくべきです。左右のさばきを修得すると、

小手は体の寄せで決める

小手打ちは打突後の体の寄せが重要になる。打突は手先だけの技にならないよう腰からの移動を心がけ、打突後は素早く左足を引きつけ相手と正対しながら体を寄せていく

体の寄せがしっかりとできていれば、もし小手が決まらなかった場合にもすぐさま次の技へと移ることができる

剣道のおもしろさ、深さがより分かるようになります。左右のさばきは応じ技や相手の打突を紙一重でかわすときに使われますが、とくに応じ技は剣道のレベルを一段階上に引き上げてくれる大事な要素です。剣士が求める目標の一つである〝玄妙な技〟とは応じ技が大半ですので、ぜひ左右のさばきを修得されるよう勧めたいと思います。

　小手打ちにおける〝決め〟のポイントは体の寄せです。打突後はすかさず左足を引きつけ、相手と正対しながら体を寄せていきます。このとき、体勢を崩しながら左右に避けるような方を散見しますが、それではせっかく部位をとらえても審判の旗は上がりません。体を寄せるときは背筋を伸ばすことを意識すると、技が見栄えよく決まると思います。

　そして、相手と正対しながら体を寄せることにはもう一つ大きな意味があります。それは次の技へのつなぎです。剣道は、とくに同程度の力量を持つ者同士の対戦になると、なかなか一つの技で一本を取ることはできません。最初の技で相手を崩し、二段、三段と技をつないでいくことによってやっととらえることができます。そういった意味でも、次の技へと素早く渡れるように、体勢の崩れは戒めておかなければなりません。

　胴打ちは前述した左右のさばきが〝決め〟のポイントになります。竹刀の物打ちで確実に相手の打突部位をとらえられるよう、左右のさばきで適正な打ち間を維持します。刃筋正しく物打ちで打突をしたら、素早く体を右にさばいて抜けます。早く打とうとすると平打ちになりやすいので、しっかりと前腕を返して刃筋を立てるようにします。

　最後は突き技ですが、これも胴技と同じく間合が重要になります。遠くから突こうとすれば体勢が崩れ、体が死んでしまいます。自分の打ち間を理解し、体勢を崩さずに打突することを心がけます。突き技は腰から入るようにして打突すると、体勢が崩れることなくまっすぐと相手を突くことができます。あまり突こう突こうと意識せず、自然に体を出すことを心がけるとよいと思います。

胴は左右のさばきで決める

胴打ちをきれいに決めるためには、左右のさばきが必要になる。相手の打突に対し体を右にさばきつつ受け、相手との間合をはかって物打ちで確実に打突部位をとらえるようにする

突きは腰で決める

突き技は腰から入ることで技が決まる。手を伸ばして突こうとするのではなく、腰から身体全体で相手を突いていく意識を持つ。突いたあとはことさらアピールすることなく、自然と元の構えに戻る

片手突きも諸手突きと同じく、腰から入っていくことで技が決まる。突こうという意識が強すぎると体勢が崩れるので、構えた状態からまっすぐ竹刀を出すようにする

剣道極意授けます

渡邊哲也のあなただけに教える 左足の遣い方

剣道でもっとも重要なのは足である。その中でもとくに、左足は攻めと崩しに大きな関わりがある。なぜ左足が攻めにつながるのか、左足をどう遣えば相手は崩れるのか。渡邊哲也範士が実践から体得した左足の極意をここに紹介する——。

渡邊哲也範士

わたなべ・てつや／昭和十八年熊本県生まれ。竜門中学一年時に剣道をはじめ、菊池農業高校卒業後、警視庁に進む。警視庁では剣道特練員を経て、剣道指導室教師、師範、副主席師範を歴任。平成十二年には関東管区警察学校教授となり、平成十五年に退職。現在、関東管区警察学校名誉師範、講談社師範、東京都市大学師範、郵便東京師範。剣道範士八段

攻めにつながる左足の遣い方。左足を知れば剣道がひと皮むける。

これから足さばき、とくに左足の遣い方について、お話をさせていただこうと思います。詳しくは後述しますが、今、私は左足で攻める足さばきを実践しています。一般的に言えば、「攻め足」という言葉もあるように、攻めと言うと右足を連想される方が多いかもしれません。しかし、攻めの本質は左足にあります。その理由は、間合の攻防に重点をおいた稽古を心がけていれば、おのずと解ってくることだろうと思います。

昨今の剣道は打ち間でタイミングをはかり、スピードで一本を獲ろうとする傾向にあります。ある先生は、「今の剣道には間合の攻防がない」とおっしゃいました。私も、まさにその通りであると思います。

剣道で大事にしなければならないのは、打ち間に入るまでの攻防です。その攻防で相手を崩すことができていれば、タイミングやスピードに頼らずとも相手を打つことができます。「間合を盗む」という言葉がありますが、右足だけをいくら動かしても、間合を詰めることはできません。相手と自分との距離をはかる起点は左足です。遠間から触刃の間、一足一刀の間、そして打ち間。これらの間合の働きを知っておかねば、左足の重要性は理解できないかと思います。左足で間合を詰め、中心を取り、相手を崩し、万全の状態で打ち間に入る。それが攻めとなり、相手が崩れる。この過程が剣道では大変重要です。

左足の遣い方を学ぶことは、今一度剣道の本質を見直す良い機会になると思います。攻めるとはどういうことか、相手を崩すにはどうすればよいか。そういったことを考え悩むのも、剣道を学ぶ楽しみの一つでしょう。今回の話がその一助になれば、大変喜ばしいことです。

傘の切っ先の話

「傘の切っ先」という言葉があります。これは高野佐三郎先生がおっしゃっていた言葉で、足の遣い方を説明したものです。それから工夫したもので、右足はほとんど動かさず、船の舵をとるように前や右、左と相手に正対します。左足は右足にすぐさま引きつけます。当然、左右に攻めた場合は右足の向きと同じく左足を相手に向けますから、そのかたちは傘を開いた時のように三角形になります。

昭和53年正月、警視庁剣道指導室の面々で撮られた一葉。前列中央左は当時剣道主席師範を務めていた森島健男範士。「森島範士をはじめ、歴代の警視庁の先生方はみなすばらしい足さばきをされていました」

若い頃、私はある先生にこうたずねました。

「先生の面は横からきますね」

その時、先生はこう言葉を返しました。

「そうかい。君たちの方が横から来ているんじゃないかな」

私ははじめ、この話が何を意味しているのか解りませんでした。それまでも足さばきの勉強は一生懸命していたつもりでしたが、自分の中で「あぁ、そういうことか」と腑に落ちたのは、八段をとったあとだったように思います。

自分から見れば先生は横に見えるが、実際はそうではない。相手に正対しているのは先生であり、自分の方が曲がっている。正対できていなければ相手を打つことはできませんから、もうこれは攻め負けているのと同じことです。

言葉だけを聞けば簡単なように思えますが、実践は大変難しいことです。私は「傘の切っ先」を遣って相手を攻めることを今の課題として心がけ、稽古に臨むようにしています。

間合の攻防の話

剣道は中心の取り合いであると言われています。昨今は、蹲踞から立ち上がるやいなやすぐさま間合を詰め、打ち間で攻防をしようとする方々を多く見受けますが、それでは中心の取り合いはできず、大事な間合の攻防もおろそかになってしまいます。まずは間合を大事に稽古に取り組んでみてはいかがでしょうか。そうすることで、足さばきの重要性が身に染みて解ってくることと思います。

先に述べました通り、間合には遠間、触刃の間、一足一刀の間、打ち間などがあります。立ち上がったところから、徐々に間合を詰め、打ち間にたどり着くまでに気や剣で相手の反応を探ります。決して打ち間から攻防がはじまるわけではありません。攻めによって相手が居着いているのか、退がるのか、出てくるのかを瞬時に判断し、打ち間に入ればすぐさま遣う技を決断して打って出ます。この時、前述の「傘の切っ先」が重要になるのです。右足をほとんど動かさず、左足を充分に引きつけることで溜めが必要になります。

話は少し飛んでしまいますが、昇段審査などではとくにこの攻めが重要になるでしょう。六段から八段の高段位受審者は、よくよく間合の攻防と攻め崩しを勉強しておかなければなりません。高段位の受審者は、日ごろの稽古で元に立つことも多いはずです。その時、ただ相手に打たせるだけでなく、自身の修行として攻め崩しを実践しているでしょうか。八段審査の合格率は一％と言われますが、これは言い方が良くないかもしれませんが、元立ちで楽をしている証左と言えます。下手は懸かってきます。それを近間で居ついたままの打突を出していては攻めは解りません。一足一刀の間合で下手に攻めさせる。今度は自分が攻める工夫をすることです。たしかに審査は厳しいかもしれませんが、正しい攻め方、手順を踏んで稽古を行なっていれば、合格は遠いものではありません。稽古はただ漫然とこなすだけでなく、上達しようという心意気と工夫が必要なのです。

話をもどしましょう。私は日ごろの稽古で元に立つ場合、努めて自分から攻め、相手を引き出すことを心がけています。相手に攻めが利いているかどうかは、実際に打突をしてみなければ解らない場合もあります。こちらは攻めているつもりでも、実は相手に攻めが利いていない場合があり、その場合は相手に打たれます。この状態は間々あります。そういった稽古を何度も積み重ねることで、やっと攻めの感覚をつかむことができるのです。

先の後の話

かの剣聖、千葉周作はこう言っています。

〝それ剣は瞬息〟

刹那というのは一秒の七十五分の一と言われますが、現代剣道においても相手を打つ機会というのはほんの一瞬しかありません。その一瞬というのはキャッチボールのやりとりのように、虚実が相手といったりきたりしています。先ほどの話からつなげれば、間合の攻防から打ち間に入ったその刹那、遣う技を判断して打突にいかなければ機を逃してしまいます。相手が居着いているならば、先の技で相手を打ちます。相手が出てくるならば、後の先の技で相手を制します。

ここで勘違いをしてほしくないのは、「後の先」というのは決して相手の技を待って返すことではありません。私は後の先のことを「先の後」と表現するようにしていますが、それは先においても後の先においてもまず自分から攻めるという過程が必要だからです。先に攻め、その攻めによって相手を誘い、打突にこさせて打つ。だから「先の後」です。

これはそんなに難しい話ではありません。中学生以上であればみな、こういう攻めを工夫しなければなりません。いわゆる「待ち剣」では、偶然的に相手を打つことはできても、相手を攻め崩

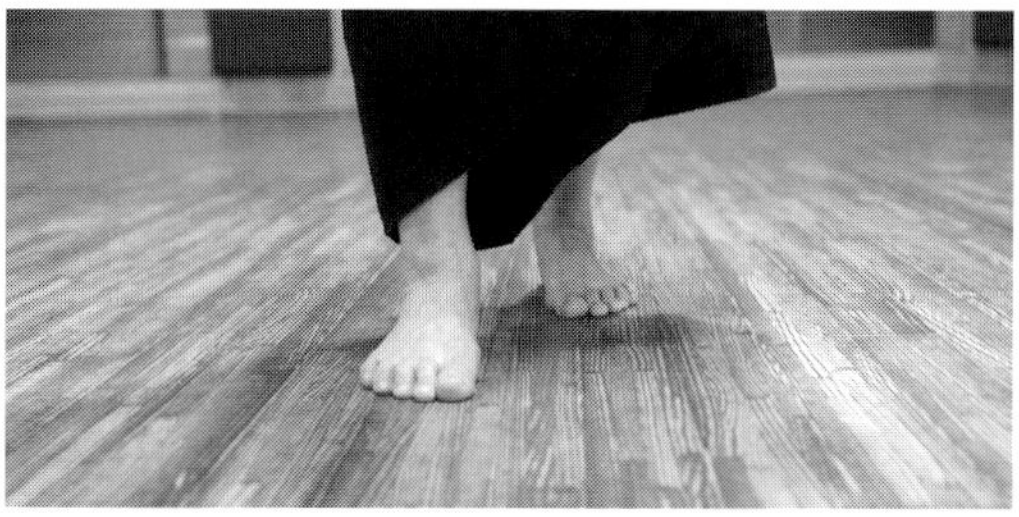

右方向（表）から攻める

左方向（裏）から攻める

高野佐三郎の言う「傘の切っ先」とは

　右足は船の舵をとるように、前や右、左と相手に向ける。この時、右足をさばくと同時に左足を瞬時に引きつけ、右足と同じ方向へ左足を向ける。そうすることで、左右への足さばきが傘を開いた時のように三角形となる。こちらは相手に正対しているが、相手にすれば中心をとることができないため、有利な間合となる

して打つ剣道の本質をつかむことはできません。

名著である『天狗芸術論』（佚斎樗山子著）には、先後のことについて大変勉強になることが書かれています。少し長くなりますが、要約するとこうです。

「技に優れている者は自ら先をとることを大事にし、理合に優れている者は相手の出方を見る後の先を大事にする。先をとることのみに終始しているものは後の先で勝つことはできない。後の先のみを大事にしているものは先を制することが得意ではない。技や理合は先や後に拘束されてはならない。先後は敵に応じて生じるものであり、自らの都合で行なうものではない。先後についての大事は、先のみを尊び、また後のみを尊ぶのではなく、先を大事にしながら後の先を大事にし、相手に応じ、二つをともに大事にすることである」

いかがでしょうか。自分の思い通りにならないのが剣道です。先の技も後の先の技も等しく修行してこそ、いざという時にそれらの技が出ます。そして、その技を繰り出す準備として、万全の状態である左足が必要となることは、もはや道理でしょう。

＊

剣道は、基本を習得することから応用が生まれ、応用を高めるためにはより深い基本の習得が必要となってきます。ただ打てばよいのではなく、構えも打った姿勢も、すべてが基本に適ってなくてはなりません。

稽古において、私が一番気にしているのは「左手」「左腰」「左

第一〇八回全日本剣道演武大会にて。林邦夫範士と立合を行なう渡邊範士（平成二十四年五月五日撮影）

足」です。左手は中心からはずさないこと、左腰はへそが相手の中心を向いていること、そして左足は撞木ならず、必ず親指が相手に向いていること。誰と稽古をする時も、蹲踞から立ち上がった時にこれらを確かめながら稽古するようにしています。

基本に沿った剣道を積み重ねれば、いつの日かかならず左足の重要性に気づきます。そこに気づくことができれば、剣道がひと皮むけたと言っても過言ではありません。今後はさらに、剣道の奥深さ、おもしろさに触れることができるようになるでしょう。

構え

前後左右に強い足の構えを身につける

左足の遣い方を学ぶ前に、自分がどのような足の構えをしているか理解しておくことも重要です。もし理に適っていない足の構えをしているようであれば、その後の足さばきにも支障が出ますので、矯正しておかねばなりません。

私は警視庁出身ですので、足の構え方は『警視庁剣道教本』を参考にしています。右足の土踏まずあたりに左足のつま先をそろえ、左足かかとの位置に左足つま先をずらしていきます。言葉としては「一足長半」といったところです。左右の距離は片足分程度空けます。この足の構えが、前後左右に一番強い構えだと思っ

前後左右に強い足の構え
警視庁に伝わる足の構え。前後左右、どこへでもスムーズに足をさばくことができる。重心は真ん中におく

足構えのつくり方

右足の土踏まずあたりに左足のつま先をそろえ（上写真）、左足かかとの位置につま先をずらしていく。足幅は片足分程度空ける（下写真）

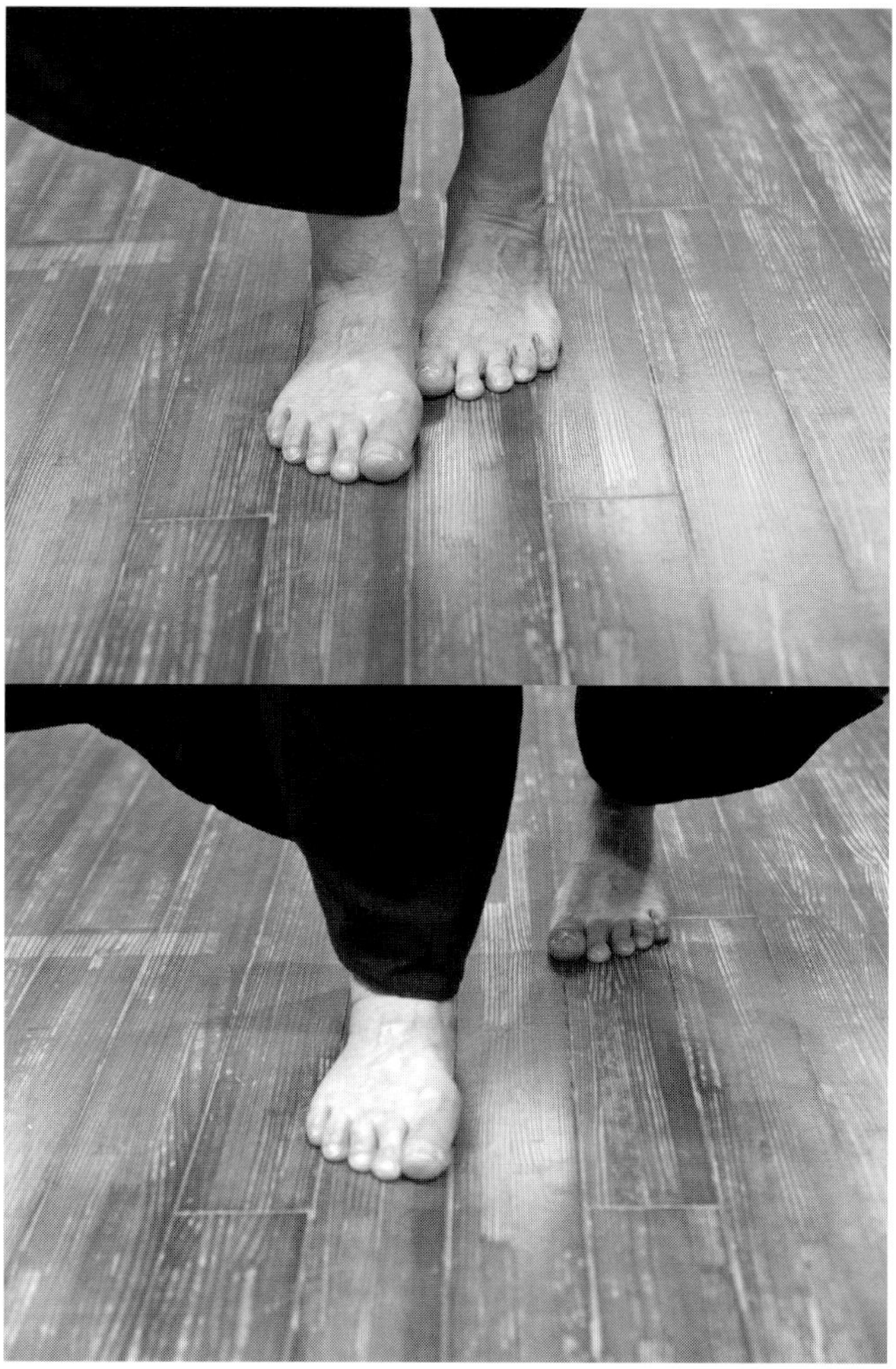

左足かかとの高さは、右足親指を踏んだ程度

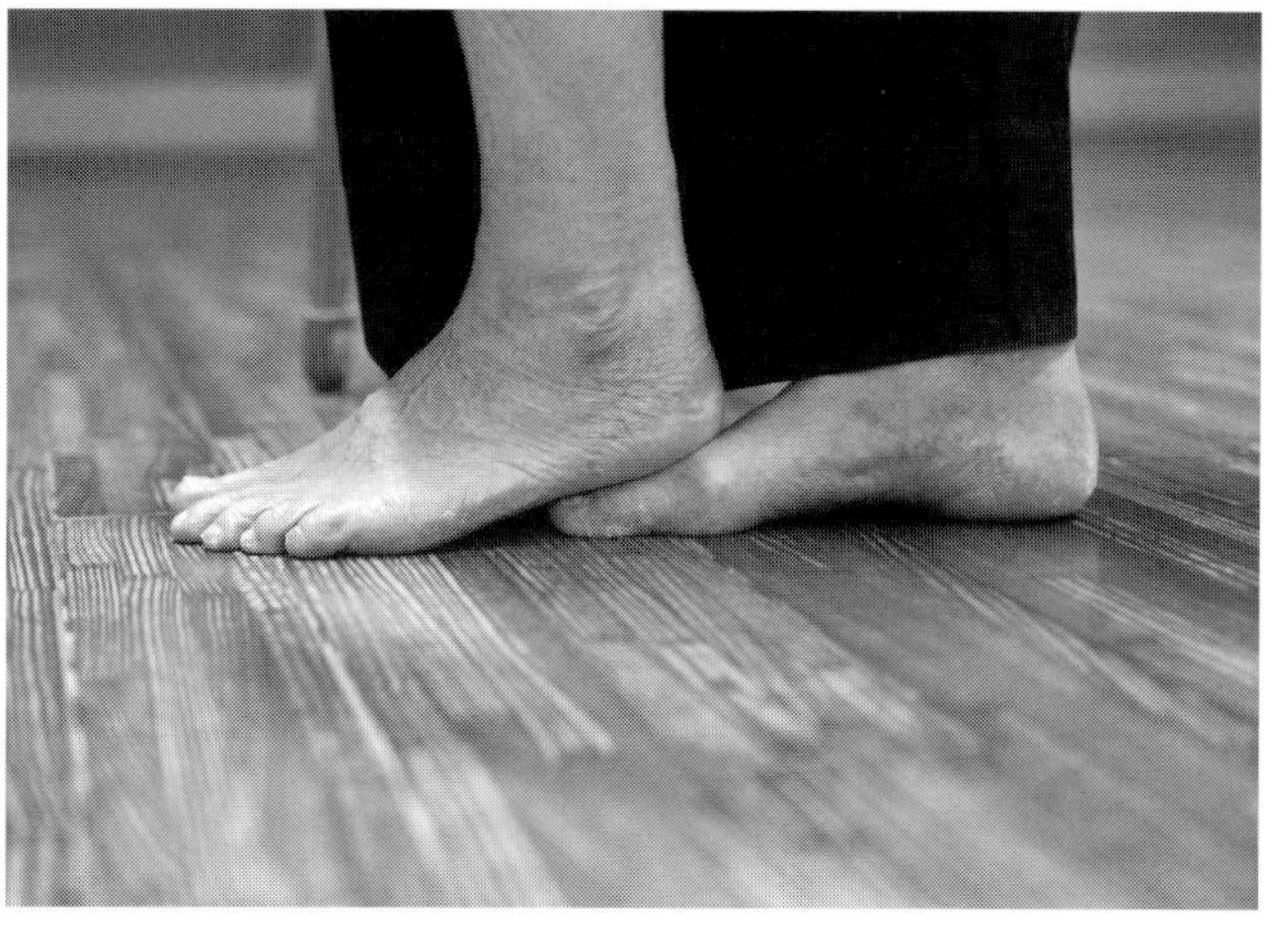

ております。剣道は一瞬を争うものですから、万全の準備を施した正しい足の踏み方でなければ、機会を逃してしまうことにもなりかねません。

左足かかとは自分の右足親指を踏んだ高さまで上げ、右足は一般的に言われているように、半紙が入る程度わずかに上げておきます。左足も右足も、床についてしまっては瞬時の動作ができません。反対に高く上げすぎてしまっても、体勢が不安定になるので注意が必要です。

左足の遣い方

左足の〝誘い攻め〟で相手の反応を見る

昨今は近間で攻防をしようとする人が多すぎます。これは剣道という競技は知っているけれども、本当の剣道を解っていないと

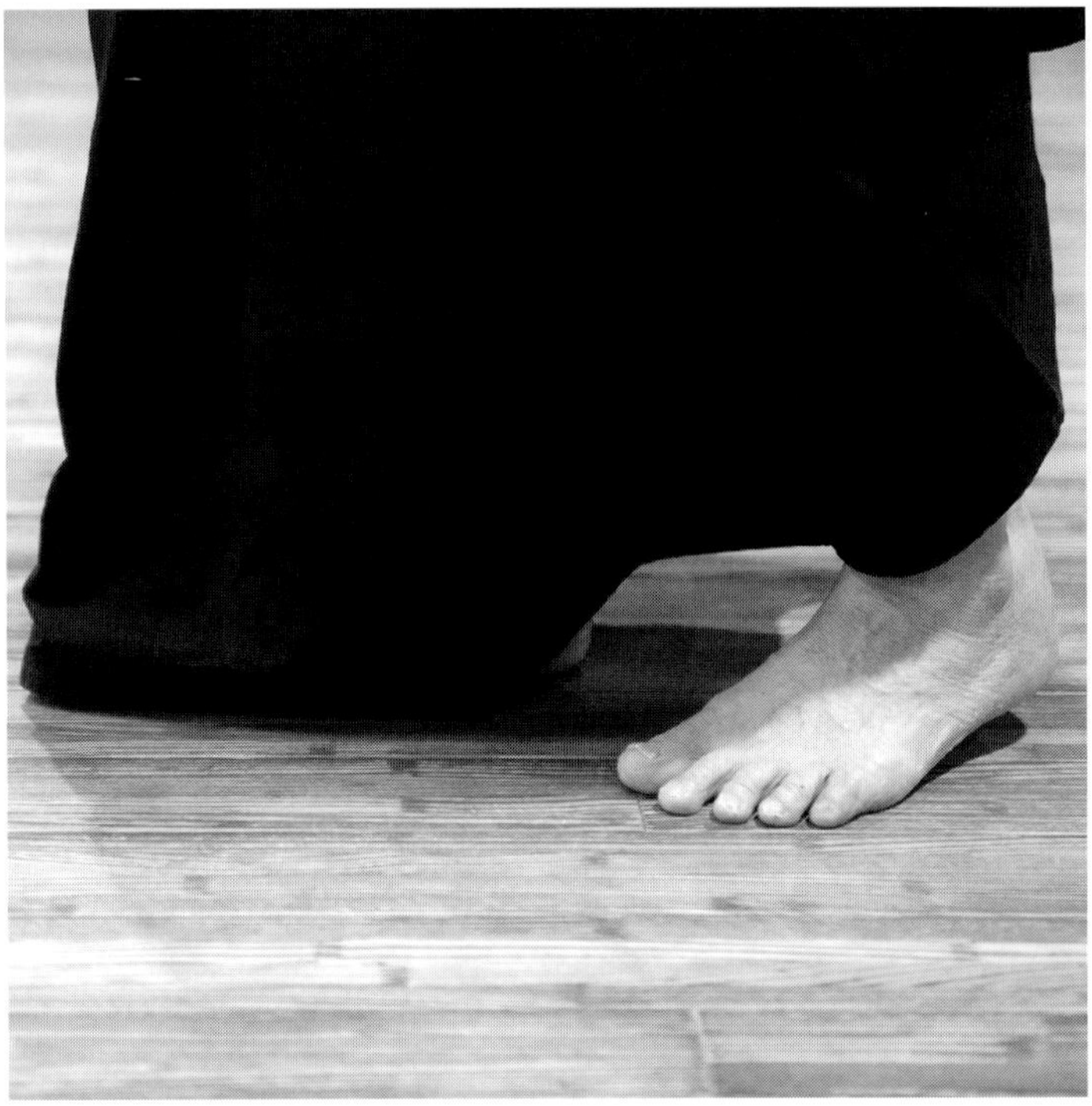

左足が撞木になると、腰が開いて身体が半身になり、相手が感じる威圧感がまるで変わってくる

通常よりわずかに深く左足を寄せることで、相手の反応をうかがう

思わざるを得ません。顕著な例では、打ち間に入ってからかけ声を掛ける方がいます。打ち間とは一触即発の状態ですから、むしろ気は内に溜めておかねばならず、発声はありえないことなのです。

間合の攻防は蹲踞から立ち上がり、お互いが遠間の状態からはじまります。ここから、触刃の間、一足一刀の間と間合を詰めていきつつ相手を崩していき、打ち間になったらすぐさま打って出ます。とくに左足は重要です。さきほど述べた「傘の切っ先」をつかい、自分はいつでも打てるけれども、相手は打つことのできない有利な打ち間をつくり出します。

私はよく〝誘い攻め〟という言葉をつかいますが、左足を通常よりわずかに深く寄せることで、剣先が五センチから十センチ程度詰まります。このわずかな間詰めを利用して相手を攻め崩し、居着くのか、下がるのか、前に出てくるのかなど相手の反応をうかがうのです。

間合の攻防は遠間からはじまる。触刃の間、一足一刀の間、打ち間と間合を詰める中で、相手を崩していく

打突

相手の出方によって、先後の技を遣いわける

剣道では「先をとれ」ということをよく言われます。たしかに先をとることは大事ですが、これは、ただ相手に先駆けて打てということではありません。相手が先に打突をしてきたとしても、自分が先をとっているということはありえます。

「先」と「先の後（後の先）」について、理解は充分でしょうか。先ほどの左足の攻めにつなげて、この二つをしっかりとつかいわけられれば、相手をとらえる機会はグンと増えます。

まず、〝誘い攻め〟によって相手の出方をさぐります。それ以前に、遠間から打ち間まで間を詰める段階で、気や剣先で相手の癖などを感じておきましょう。居着くのか、下がるのか、前に出てくるのか、この三パターンによって、遣う技を変えるようにします。

相手がこちらの攻めを感じて居着いたならば、そのまま先をか

先　相手がこちらの攻めを感じて居着いた場合は、先をかけて打って出る

先の後（後の先）

相手を誘い出した場合は、相手の技をすり上げて応じ技に変化する

けて打って出ます。反対に、相手が機会を感じて前に出てきたならば、これは先をかけて機会を感じさせた、ということになりますが、その時は先の後で相手の竹刀をすり上げ応じ技に変化します。下がるようなら無理をして打突することもありません。ふたたび攻め合いということになります。

技

出ばな、応じも攻めて相手を引き出す

先ほどは、相手の出方によって先後の技をどう遣うかを説明しました。今度は相手が出てきた時の、技のつかいわけについて説明しようと思います。

左足の攻めによって相手の出方を見るところまでは同じです。

ここで、相手が誘いに乗り打って出てきた時、こちらとしては相手の出ばなに乗る、もしくは相手の技を応じて返すなどの選択肢が出てきます。

ここで気をつけておかなければならないのは、出ばな技も応じ技も、すべからく先をかけてこその技だと言うことです。相手が出てきたところを打つから出ばな、相手が打ってきたところを返すから応じ技なのではありません。先をかけ、相手を誘いだしているからこそ、そこに生じた隙を瞬時に打つことができるのです。

相手の出ばなをとらえる場合は出小手が有効です。相手はこち

出小手　相手の出ばなをとらえるには出小手が有効。誘いに乗り、面を打とうと手元を上げたところを打つ

応じ返し胴

応じ返し胴は相手の竹刀をできるだけ前で受けとめることが重要。受けたらすぐさま胴に変化する

らの攻めによって誘い出されているわけですから、手元も不用意に上がっているはずです。

応じ技はやはり返し胴でしょう。しかし稽古の中では、返し胴は楽をしているようにも感じてしまいます。私は稽古においてできるだけ返し胴をつかわず、間合の攻防を大切にして相手に面を打ち込むことを心がけています。

稽古

元立ちは相手を引き出す稽古になる

六段以上の高段位を受審するような方々は、日ごろ元立ちを務めることが多いと思います。自分の打ち間を身につけるためには、上手にかかる稽古だけでなく元立ちを務める時も、努めて相手を引き出すことを意識しておかねばなりません。

元立ちで一番悪いのは、掛かってくる者に対してホイホイとあしらうような稽古をすることです。そのような稽古をしていると、掛かる側も自分のタイミングでしか技を出さず、お互いに上達が

ただ相手の技を受けとめているだけでは、お互いの稽古にはならない。元立ちは相手を引き出す絶好の稽古となる

ありません。
剣の上達を求めるのであれば、漫然とした目的のない稽古は厳禁です。どんな場面においても、上達の契機はあると考えておかねばなりません。ですから、元立ちを務める時は左足を意識し、つねに相手を引き出す稽古だと思って取り組むことです。そうすることで、攻めや崩しの感覚や、相手の引き出し方が自ずと解ってくるはずです。

右足の遣い方

形稽古から右足の遣い方を学ぶ

最後に少しだけ、右足の遣い方について触れておこうと思います。ここまで左足の遣い方を中心にお話ししてきましたが、もちろん右足も重要です。ただし、右足が攻めとして効果を発揮するのは、おもに近間においてです。近間で左足を動かせば、それは隙となり相手に打突の機会を与えてしまいます。

右足の遣い方でポイントとなるのは、「かんなをかけるように」足を動かすことです。打突動作に入る時、大きく右足を上げるのではなく、床すれすれをはうように右足を滑らせることで、スムーズな打突が可能になります。

この右足の遣い方を学ぶには、「木刀による剣道基本技稽古法」が最適です。とくに三本目と八本目は、今回お話ししてきた間合や左足の遣い方、先の後なども含めて学ぶところが多くあります。形稽古は剣道の要点が凝縮されたものでもありますので、ぜひ、何度も稽古することを勧めます。

右足は、床にかんなをかけるような気持ちで滑らせていく。この足の遣い方は、「木刀による剣道基本技稽古法」などの形稽古で学ぶことができる

剣道極意授けます

角正武のあなただけに教える 捨て身につながる崩し方

剣道は攻めること、崩すことが大切だが、いくら攻めても崩しても、捨て身の技につながらなければ意味がない。角正武範士の詳細な解説により、捨て身の一本を打つための崩し方（プロセス）を身につける――。

角正武範士

すみ・まさたけ／昭和十八年福岡県生まれ。筑紫丘高校から福岡学芸大学（現・福岡教育大学）に進み、卒業後、高校教諭を経て母校である福岡教育大学に助手として戻る。福岡教育大学教授、同大学剣道部部長を歴任。平成十一年から十四年まで全日本剣道連盟の常任理事を務める。第二十三回明治村剣道大会三位。第十一回世界剣道選手権大会日本代表女子監督。現在は福岡教育大学名誉教授、同剣道部師範を務めている。剣道範士八段

捨て身に必要なのは四つのプロセス。つくり、あて、崩し、そして捨てる。

「捨て身」についてお話させていただこうと思います。

みなさんはどのようなことを捨て身ととらえているでしょうか。おそらくは技を出すその瞬間を指して、捨て身と表現する方が多いのではないかと思います。しかし、技を出すまでの手順を考えた場合、本当にその瞬間だけが捨て身かというとそうではありません。私はそれ以前の攻めや崩し、ここに捨て身の気構えがなければならないと考えています。

少し噛み砕いて説明していきましょう。相手を攻める場合には、当然間合が詰まります。このとき、もし疑心暗鬼であれば相手に攻めは通用しません。捨て身で攻めるからこそ、相手は動揺をきたすのです。昨今の学生剣道を見ていると、素早い動きでいかにも崩しをかけているように見えますが、その崩しの中に捨て身、〝すべてを捨てて打たれても構わん〟という覚悟が見あたりません。ほとんどのひとが〝いつ打ってきても守れるぞ〟という心構えで攻めている。その一番の現われが、手元を上げて防御するあの姿勢です。

手元を上げて間合を詰めたとしても、勢いがあれば相手にとっては嫌なもの、そういう意味では攻めは利いていると言えます。しかし、受け身の気持ちで攻めていますから当然捨て身にはつながりませんし、技にも冴えが出ません。やはり剣道は、お互いが捨て身の心持ちで技を出し合う、そこに醍醐味があるのではないかと思います。攻め崩しのところで身を捨てる、これが大事でしょう。

〝心〟と〝身〟の話

では、なぜ捨て身で打つことが尊重されるのでしょうか。そこには明確な理由があります。捨て身で打突することにより、気勢、体勢、刀勢、この三つが活きてきます。有効打突にはこの三つの勢いが欠かせません。

捨て身で打突することの素晴らしさは、勢いにより美しく迫力のある姿と、冴えのある打突が実践できるからです。そして、この勢いが相手を動揺させます。こちらがいくら素晴らしい打突を繰り出しても、相手が微動だにしていなければ飛んで火に入る夏の虫です。古くから剣道では、相手の動いたところを打ちなさいと言われます。動かなければ打ってはならない、動かなければ動かして打つ、これが鉄則です。

相手が心の動揺や構えの動揺をきたしているにも関わらず、こちらがそこに乗っていくことが出来ないのは、いわゆるその前段階で身を捨てることができていないからです。〝上虚下実〟の身構え、気構えができていないまま、かたちだけ攻めている。それでは三つの勢いは出てきません。

そしてもう一つ、捨て身と切っても切れない関係にあるのが「残心」です。残心とは字のごとく、心を残すことだと説明されることがありますが、それでは不充分でしょう。心を残すのではなく、むしろすべてを出し切ること、そこに残心は生まれてきます。

身も心も満身を込めて打ち込むことで、おのずと次への備えができる、これが残心です。中途半端な姿勢や、当てようとする打突では、逃げ腰の備えしかできません。気勢をこめ腰を入れて打突することで、体勢の崩れなく、次になにが起こっても対応できるようになります。ですから、残心において極めて重要となるのは〝心〟なわけです。

この〝心〟とは何かというと、その働きを確かにするためにはいわゆる呼吸法が大切になります。息をすべて吐き出してしまうこと、気勢の持続性が残心には非常に重要です。気勢を持続させることで姿勢正しく、手の内もほどよく力が抜けます。残心の中心は気勢であり、充実した掛け声と呼吸の方法です。残心の解説に〝打突後に油断をしない身構え、気構え〟とありますが、身構えと気構えのどちらが先かということになれば、それは気構えです。〝残身〟ではなく〝残心〟です。

呼気の持続性がない掛け声には残心は起こりえません。持続性を持たせることで攻め崩しが強くなり、打突が正確になり、次への備えができるようになります。では次への備えとは何か。これは「対応力」という言葉で表わすことができると思います。備えというとじっと待っているような印象がありますが、それは違います。大事なのは気のつながりと姿の安定、そして竹刀の自由性、こういったものが次の局面への対応力ということになります。これは前述した気勢、体勢、刀勢とまったく同じことです。瞬時の判断で打突するためには、その前段階ですべてを出し切っておかなければなりません。そうすることで自ずと気のつながりが生まれてきます。

四つの手順の話

捨て身を実践する際に、もう一つ大事になってくるのは打ち切ることです。身も心も捨てて打ったのに、打ち切る打突ではなく当てるような打突になってしまっては、相手を動揺させたり観る者を感動させたりすることができません。もっと言えば、捨てていれば打ち切れているはずですし、打ち切れていないなら捨てていないということ、この二つはイコールです。

打ち切るということは瞬時の現象ですが、その背景にあるものは、打ち切る前にいかに準備ができていたかです。いつでも全身全霊を込めて打つことのできる構えができていたかが問われているのであり、それができていないのに捨て身の技は出せません。立合であれば危険な間合に入る前に、完璧に声をだし、完璧に肚を充実させ、完璧に上体を柔らかくして、そしてクリーンな眼で相手を観察する。こういった〝身の構え〟がこの時点でできていなければなりません。この状態で気当たりをするからこそ、相手は動揺して構えを崩すのです。

ここで考えておかなければならないのは、剣道は対人競技であり、自分が備えているということは相手も備えができている可能性があるということです。そうであれば、そこに何の技術が必要になるかというと、いつなんどき、相手を崩すかという〝間拍子〟です。

私は高段位を受審して苦労されている方々に向けて、よく攻めを完成させて捨て身で打つための四つの手順を説明しています。「つくる」「あてる」「崩す」「捨てる」の四つです。

まずはここまでに話してきたとおり、打ち出す前段階としてしっかりと態勢をつくります。ただし、態勢ができているからといってそこからすぐに打突へとつながるわけではありません。次の作業としてつくったものを相手に当てることが必要になります。あてるというのはようするに気当たりです。気を壁のように相手に当てて追っていきます。そして今度は崩す行程になります。気をあてるだけでは、相手に疑心を生み出すことはできても打突の好機となる隙をつくり出すことはできません。大事なのは〝攻めの詰め〟です。剣先を下げたり開いたり、もしくは顔面を近づけてみたり、そういった最後の詰めを行なうことで相手に隙が生まれます。こうなれば、あとは捨て切って打つのみです。

これら四つのプロセスをまとめて「攻め」と考えることが大切です。若い人たちに抜けているのはこの部分でしょう。たとえば、蹲踞から立ち上がっていつ相手を攻め崩すのか。ジワッと時間をかけて攻め、相手が攻めてきてもグッと耐えて引け目をとらない。この「つくる」と「あてる」を維持しつつ、最後だけフッと誘って「崩す」。この緩急強弱が攻めには非常に大切です。若い人たちはこういったプロセスを経ず、立ち上がっていきなり崩そうとするから最終的に捨て身になりきれない、私はそう考えています。この手順があるからこその捨て身なのです。

審査に関連して、審査員の目からこのことについてもう少し言っておけば、一本を取るということはもちろん大切なことですけども、やはりその過程が重要です。たとえばこちらが出した技を受け止められた場合、あの攻めなら受け止められて当然だとなるか、それともあそこまで攻めて打ったのだから相手は受け止めるのが精一杯だったとなるか、これは大きな違いです。受け止められるという同じ現象でもプロセスの充実によって評価は大きく分かれる、これは肝に銘じてもらいたいところです。

捨て身で技を出すためには「つくる」「あてる」「崩す」などの手順が必要になる

間拍子の話

先ほど言った〝間拍子〟について、もう少し詳しくお話ししておきたいと思います。

「間」と言うと、大体は相手との距離である「間合」のことを指します。しかし、剣道における間の要素とは、距離だけではありません。たとえば素早く打ち続けること、もしくは一打してからわずかに間を置いて打つなど、時間的な要素も多分に含まれています。この間における時間的要素を指して〝間拍子〟と言います。「間」に関しては、単純な距離の差異と思われがちですが、実際は心理的な問題が多く含まれています。同じ距離であっても、気勢の大きな側と小さな側では受けとる感覚が違うでしょう。もっと分かりやすく言えば、攻めている側なのか攻められている側なのか。必ずと言っていいほど、そこには優劣が存在しています。

間拍子は、あくまでも自分がつくり出していくものです。そこで大事になってくるのが〝緩急強弱〟でしょう。日本剣道形を例に挙げれば、四本目と七本目は刀が交錯します。このとき、双方とも刀はゆっくりと気競り合いをしながら遣います。これは緩急強弱でいう〝緩〟となります。では六本目はどうか。六本目は攻め上げられたら打太刀は素早く刀を遣います。これは〝急〟と言えるでしょう。強弱の部分では、二本目と六本目の打太刀の小手の違いが分かりやすいと思います。二本目の小手は刀を大きく強く遣います。しかし、六本目の小手は仕太刀のすり上げを引き出すのですから、強く遣うと上手に刀をすり上げることができません。〝弱〟という言葉には少し語弊があるかもしれませんが、軽く速く刀を遣う。これら間拍子が、竹刀剣道における技の妙味であると私は考えています。

巌の身構えで構えることにより威圧感を与える。最後に崩しをかけることで、
相手に隙をつくり出す（写真は第110回全日本剣道演武大会）

そっとその身を寄せる話

捨て身の技を出すためには手順が必要であるということを、これまで申し上げてきました。その中で一つ、よい話を思い出しましたので、ここで紹介しておきたいと思います。この話は私が戸田忠男先生と海外にご一緒したときに、戸田先生からお聞かせいただいたものです。

とある若い剣士が、老師に「攻めとはいかに」と訊いたそうです。すると、その老師は「そっとその身を寄せるがごとし」と答えました。これは古い古流の極意であると、戸田先生もどこかかお聞きしたそうです。私が戸田先生に聞いたのはこの「そっとその身を寄せるがごとし」という言葉だけだったのですが、それからこの言葉が気になり、私はどういう意味なのか、どう理解して後世に伝えていくべきなのかを考えました。そして、自分なりにその解釈をつくり出してみました。

この若い剣士は老師の言葉を聞いて以来、翌日から烈しい稽古を繰り返します。そして、稽古の中でそっとその身を寄せてみるのですが、ものの見事に打たれてしまう。来る日も来る日も打たれる。老師は嘘を教えたのではないかと疑心暗鬼になることもありましたが、とにかく幾度となく稽古を重ねました。それから数十年が経って、剣士はハッと気づきます。これまで見えなかった相手の動揺や隙が手に取るように分かったと言うのです。

なぜ剣士に相手の動揺が見えるようになったのか。それは先ほどの四つのプロセスで述べた「つくる」ことがしっかりとできるようになったからです。烈しい稽古を積み重ね、巌の身構えで構えることができるようになった。この「つくる」ことができていないのに、そっとその身を寄せても当然打たれるだけです。オーラを纏っているような構えでそっとその身を寄せられれば、相手は思わず居着いてしまったり、起こりを見せてしまったりします。

冒頭部分以外は私の創作ですが、威圧感のある構えで寄ってこられると、思わず息を吸ってしまう。これが隙になるわけです。私も上手の先生に稽古をいただいたときに、こういった経験が幾度となくありました。やはり、捨て身で打つにはその瞬間だけでなく、打つ前の「つくる」「あてる」「崩す」が非常に重要であると、この話を思い出しても感じるところです。

相手に威圧感を与えるような厳の身構えで構えること

四つのプロセスの第一段階である「つくる」は、文字どおりいつでも打突に出られる体勢をつくることです。剣道は構えがしっかりしていなければ技につなげることができません。

ここで注意しておきたいのは、構えをただ立っているだけの静的なものとしてとらえてしまわないことです。昇段審査を例にとれば、みな構えが重要であるということばかりにとらわれてしまい、その構えが実際の技に直結していません。実際の技に直結するというのは、ようするにいつでも打ち出せる状態ということです。

各教本には構えの要領として「力まず自然体で立ち、剣先は相手の喉元につける」「背筋を伸ばし、肩の力を抜いてリラックスする」「左右の力を均等にして竹刀を握る」などが記されています。私が注意しているのは、まず握りにおいて、左手親指の第二関節をへそ前に据えること。そうすると、柄頭はわずかに左にず

威圧感のある厳の身構えで構える

れ、剣先の延長線上が相手の眉間かもしくは左目に向きます。そしてもう一つは左足の土踏まずに体重を乗せることです。右足に重心が掛かりすぎると、一度左足に重心を戻してから打ち出さなければならないため、瞬時に打突することができなくなります。

いつでも打てる体勢をつくり出すには、鏡の前に向かって構えているだけでは当然できません。上掛かりの烈しい稽古を積み重ね、先生方の厳しい攻めに苦しめられながらも崩れない、下がらないことを決意して臨むことです。それが、相手に威圧感を与えるような厳の身構えにつながります。

下半身は左足の土踏まずに重心を乗せて構えることで、瞬時に打突にうつることができる

左手親指の第二関節をへそ前に据える。剣先の延長線上が相手の眉間か左目に向く

重心が前にかかっていると、打突に移るときに一度重心を左足に乗せる必要が出てくる

点ではなく面（気の壁）をイメージしながら囲い込むようにして気をあてる

「剣道は呼吸の乱し合い」であるとも言われます。驚懼疑惑の教えのとおり、危ないと感じると人の呼吸は乱れるものです。前述した「つくり」による厳の身構えが出来ていたとしても、相手が微動だにせず「打たれない」と確信していれば、呼吸は乱れることがありません。四つのプロセスの第二段階である「あてる」とは気当たりのことです。構えを崩さずにじわりと間を詰め、気の壁で囲い込むようなイメージで攻めていきます。

相手も打ちたいと思い、攻め返してくることがあるかもしれません。そのときも、耐えてさらに攻め返すことができれば、相手を追い込むことができます。

構えを崩さず、面（気の壁）で相手を囲い込むようなイメージで気を当てていく

構えが崩れていると面（気の壁）で相手を攻めることができない。結果として「あてる」ことができなくなる

　間合を詰めるときに注意したいのは、姿勢を崩さないことです。姿勢が崩れしまうと相手に圧力をかけることができません。構えは崩さず、構えたままの状態で攻め入るのが理想です。

　打とうとする気持ちが強すぎると上半身に力が入り、結果として「あてる」ことができなくなります。間合を詰めると言うことは相手にとっても距離が近くなっていますから、恐怖心がともなうものです。細心の注意を払いながら詰めていくことが、「あてる」となり、その後の「崩す」へとつながっていきます。

「つくる」と「あてる」で動揺を誘い攻めの詰めで相手を「崩す」

「相手を崩して打つこと」は、剣道では必須の事項です。相手に隙が見えなければ打ち出してはいけませんし、隙が見えないのであればつくり出す必要があります。しかし、大半の方は相手を崩す前に自分が崩れてしまっている。これは前述してきたプロセスを経ていないからです。蹲踞から立ち上がり、すぐに崩そうとするから、自分が崩れてしまうのです。

相手を崩すためには、威圧感のある構えや囲い込むような気当たりで動揺を誘わなければなりません。しかし、これだけでは相手がただ動揺しただけで、隙が生じたわけではない。相手を崩すためには、最後の〝攻めの詰め〟が大切です。

相手を崩す方法は千差万別ですが、圧力がかかって気が張り詰めていると、こちらの動きに相手が反応しやすくなります。そこでは、右足で相手を誘ってみたり、突然顔面を相手に近づけてみたり、剣先の上下によって誘う方法もあります。

剣道は対人競技ですから、こうしたら相手がかならずこうなる、といったようなことはありません。しかし、崩す前につくる、あ

右足の攻めで相手を崩す
構えたところから右足だけをスッと出して相手を誘う。相手が誘われて打ち出してくるその端を打つ

剣先の攻めで相手を崩す

お互いの気が張り詰めた状態から、上に攻めたり下に攻めたりすることで崩しをかける。一例として、相手が誘われて出てきたら胴に返す

てるというプロセスが必要であることは同じです。このあたりを心しておけば、立ち上がりからいきなり打っていくようなこともなくなるでしょう。

全身全霊を込めて捨て切ることで自然と次の備えができる

これまで解説してきた「つくる」「あてる」「崩す」のプロセスを経た攻めができれば、相手にはほとんどの場合隙が生じます。

ただし、ほとんどの場合と言ったのは、相手によってはこちらの攻めに対して微動だにしない方もいるからです。いくら自分が三つのプロセスを経て攻め切ったと思っているとしても、それが相手に通用していなければもちろん相手は崩れません。これは稽古を積み重ねる中で、身につけ上達していくしか術はないと思います。

全身全霊を込めて正しい姿勢を維持して打ち込むことで、打突後は自然と力が抜けて次の動作へとスムーズにつなげることができる

打突後は素早く相手の横を抜けていき、振り向いたときにはいつでも打突できる体勢を整えておく

捨て身の技はわずかでも心が残っていてはいけません。全身全霊を込めて打ちこんで行きましょう。「残心」という言葉があり、この説明を、心を残して次の備えをすると解釈している人がいるようですが、これは少し違います。少しも心を残すことなく打ち切ることで、すぐさま次の備えに移ることができるのです。

息をすべて吐き出すことで気勢が持続します。気勢を持続させ、打突後もいつでも出られる身構えと気構えをつくり出す。このときに大事になるのは身構えよりも気構えです。気構えができていれば、自然と身構えも整ったものになるでしょう。

剣道極意授けます

忍足功の だれも教えてくれない 左から攻める右から攻める

剣道の攻めは直線だけではない。正しい足の運用を習得し、左右のさばきを身につければ、あなたは攻めも守りも自由自在となる。千葉県警名誉師範・忍足功範士による、左右のさばきと攻めの指南――。

忍足功範士

おしたり・いさお／昭和十九年千葉県生まれ。千葉県立安房高校から法政大学へと進学し、卒業後、千葉県警に奉職。全日本選手権大会をはじめ、全日本東西対抗大会、国体などで活躍。明治村剣道大会では二位入賞を果たした。現在は千葉県警名誉師範、千葉県剣道連盟副会長などを務める。剣道範士八段

左右のさばきを習得し、自在の動きでよどみなく攻める

左右のさばきとそこからつながる攻めや打突は、習得することで剣道の段階を一つ引き上げてくれます。

昨今の剣道を見ていると、直線的な攻めや打突が目につきます。当然、真正面から相手を打ち破る破壊力も重要ですが、私は左右の攻めを取り入れることによって、体格によるハンデや年齢による衰えを軽減し、剣道を長く続けることができると考えています。是非剣道を学ぶどの年代の方々にも、左右のさばきを修練し身につけていただきたいと思います。

よどみなく攻める話

まず、左右のさばきについて説明する前に、私の攻めに対する基本的な考え方をお話しておきます。

攻めにおいてまず重要となるのは、体の運用や竹刀操作ではなく、気迫や闘志といった精神的な部分です。当たり前のことですが、剣道には相手がいます。気迫で圧されていては、到底相手に勝つことはできません。気迫の出し方については、静かに闘志を秘める人もいれば、ファイトを前面に押し出す人もいます。これは一概にどちらが良い悪いとは言えませんが、押さえておかなければならないのは、弱気にならず、必ず勝つという信念を持って相手に対することです。

強い気迫で相手と対することができたら、次は攻め合いになります。誤解していただきたくないのは、強い気迫と強引な攻めは同義ではありません。前述したとおり、剣道には相手がいます。よく相手を観察し、剣先のやりとりの中でさらなる分析をして、打突の機会を判断すべきでしょう。

攻めを考える上で気をつけておかなければならないのは、〝よどみ〟をできる限り少なくすることです。よどみとは、居着きなど攻めの中で動きが止まってしまう瞬間を指します。攻めには緩急強弱が必須です。しかし、攻めのつながりが切れてしまっては、どんなに素晴らしい技を持っていたとしてもそのよどみを狙われてしまいます。ですから攻めはよどみなく、できる限り持続させることが肝要です。

では、よどみのない攻めを実践するにはどうすればよいかですが、それは気のつながりを意識した稽古を続けていくしかありません。普段の稽古でできないことが、実戦で急にできるようにな

るはずがありません。たとえば良い攻めで相手を追い込んだ時、そこで気が途切れては相手も態勢を整え直してしまいます。攻めから打突は一連の流れで考え、狙った獲物は確実に仕留めるという意識を持つことが大事だと思います。

配牌の妙の話

私が足さばきの重要性を感じるようになったのは、安房高校時代、池田孝男先生（範士・故人）に指導をいただくようになってからです。池田先生は、身長はそれほど大きくありませんががっしりとした体躯で、古武士のような雰囲気を纏っていました。

先生は身体の小さな私に、「動け」「止まるな」といった指導をよくされていました。体格で勝る相手に真っ向勝負を挑んでは分が悪い。先生はご自身の経験と私の特性を見抜いた上で、そのような指導をされていたのでしょう。

当時の指導者と呼ばれる先生方は、言葉による指導、説明をほとんどされることがありませんでした。しかし、池田先生がある時、こんなことを私たちに向けておっしゃいました。

「小手は玄関、面は奥座敷。奥座敷に上がるには玄関を開けなければならない」

私は指導を行なう中で「配牌」の重要性をよく説きます。「配牌」とは技の配分について私が個人的に使用している言葉で、池田先生はこの「配牌」が実に巧みでした。小手を決め技としてはもちろん、相手を崩す突破口としても使い、少ない技数でも相手に隙を作り出すことに成功していました。

先生の小手技は表を攻めて小手、小さくかついで小手、この二つが主でした。面は大きくかついでの技が得意で、この技が試合で見事に決まっているのを見るにつけ、先生の配牌の妙に感嘆せずにはいられませんでした。

私はこの「配牌」を意識した攻めを実践する中で、表裏の重要性について考えることが多くなりました。攻めの基本は上下の使い分けです。相手に小手を意識させれば面が空き、反対に面を意識させれば手元が浮きます。これに表裏の攻めを加えることで、攻めの幅は大きく広がります。池田先生は微妙な表裏の剣遣いで表を取る、裏を取るという動作を繰り返しながら、相手の動きを予測し打突につなげていました。

この表裏の攻めは、詳しくは後述しますが、左右のさばきが大変重要になります。正しい姿勢のまま左右のさばきで相手を制すれば、よく言われる「自分に近く相手に遠い」有利な間合で相手と対することができるようになります。

側面正対の話

池田先生の話を出したので、もう一人の恩師である糸賀憲一先生（範士・故人）の話をしないわけにはいけません。千葉県警の剣道師範であった糸賀先生には、私が千葉県警に奉職してから幾度となく指導をいただきました。

多くの示唆に富んだ指導を受ける中で、私の心に一番残っているのは「側面正対」の話です。「側面正対」とは、相手の正面に立つのではなく、わずかに角度をつけて相手の中心を取る体の運用を表わした言葉です。

もう少し詳しく説明しますと、たとえば自分より上背のある相手に対し真正面から技を出していけば、反対に打たれるリスクが高まります。そんな時は左右のさばきでわずかに相手の剣先を外し、斜から相手の中心を取ることで有利な状態をつくり出します。ただし、側面正対とは言っても相手が気づいてしまうほど横を向いては意味がありません。相手が中心を取っていると錯覚する程度の、微妙な足さばき、体さばきが重要となってきます。

この側面正対は、相手を打つための攻めでありながら、相手に打たれないための体さばきでもあります。剣道では、相手を打つことと同じくらい、打たれないことも重要です。しかし、ただ打たれたくないという意識で守ってばかりでは、決して剣道は上達しません。体を左右にさばくと同時に、相手に乗る、攻め返すといった過程が必須となります。

いかなる時も体勢を崩さない話

剣道に上達の近道はないと言われますが、日々の心がけが上達に大きな影響を及ぼすことは多々あります。とくに今回のテーマである左右のさばきについては、体勢の崩れを抑えるという意識をつねに持っておくことが、習得への近道になります。

私も若いころは、体格に合わない広い足幅で剣道をしていました。足幅が広いというのは、遠くに跳びたいという気持ちの表われです。たしかに遠くに跳ぶことはできますし、相手を打つことも可能かもしれませんが、身体は年齢を重ねるごとに無理がきかなくなるものです。年齢による衰えの少ない、本物の剣道を求めていくには、自身の体格にあった基本の足幅を守り、どんなに動いても崩れない足の踏み方を身につけるべきです。

姿勢を崩さずに体をさばくには、普段の稽古の中で、技を出す時にどこへ足を置けばよいのかを研究しておくとよいでしょう。剣道には数多くの技がありますが、人それぞれ、体格や運動能力によって歩幅も違えば間合も違います。面すり上げ面ならここ、面返し胴ならここ、といったふうに、一つひとつの技に対して足の置き場を考えながら稽古をしておくと、実際にその場面が訪れた時に姿勢を崩さず体をさばくことができます。

ただし、一つ心に留めておくべきは、このさばきが攻めから打突へとつながらなければならないということです。ただ体をさばくだけならそんなに難しいことはありません。守りと攻めが表裏一体でなければならないところに、剣道の難しさがあると言ってもいいでしょう。相手の体格やスピード、竹刀の長さ、懐の深さなどをよく勘案して、自分の身を置くべきところを求めていかなければなりません。

池田孝男範士

いけ-だ・たかお／大正十二年生まれ。旧制安房中から東京体育専門学校（のちの東京教育大→筑波大）に進み、戦後は母校である安房高校の教壇に立つ。平成七年逝去、享年七十三歳（前列左から二人目が池田範士、右端が忍足範士）

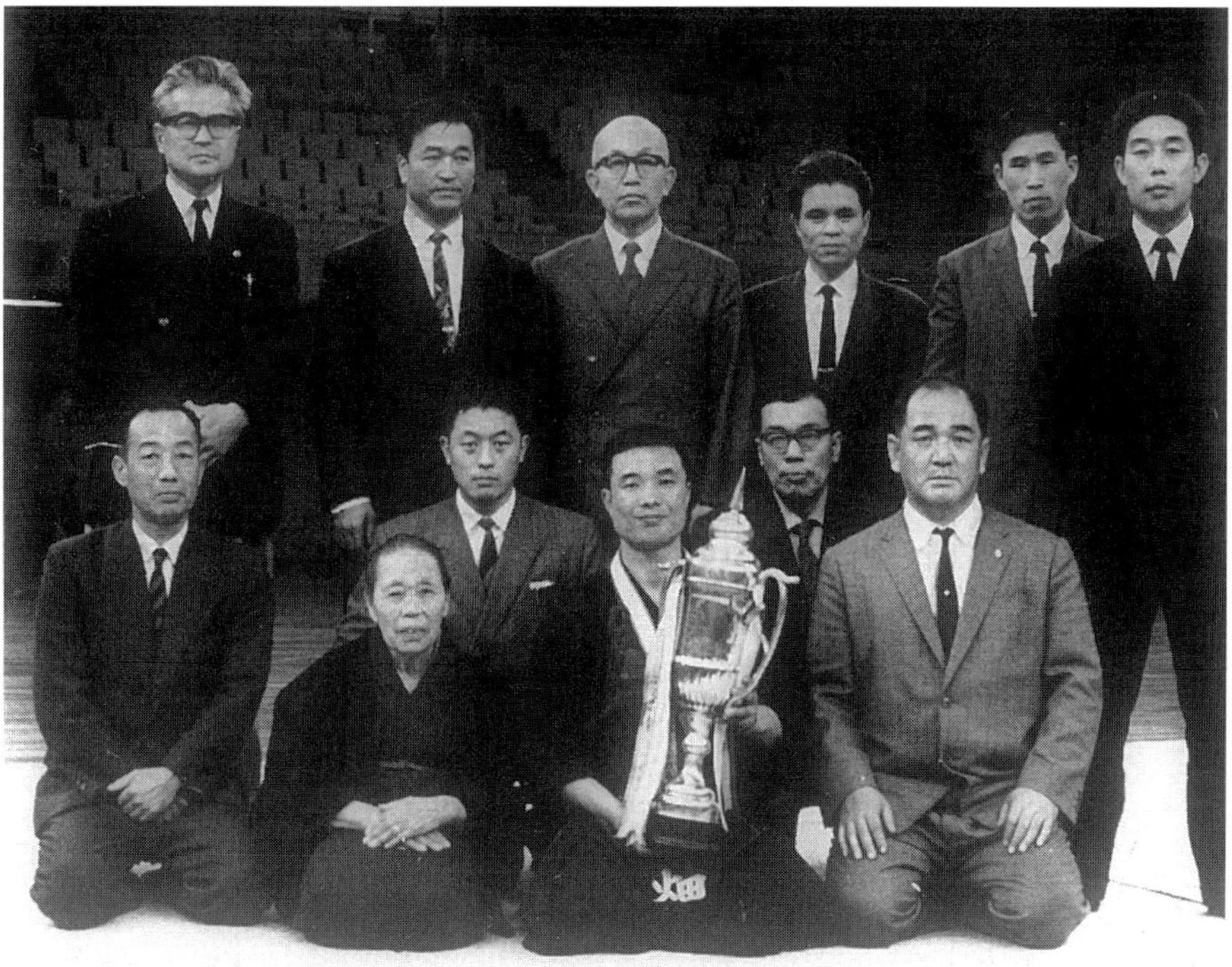

糸賀憲一範士

いとが・けんいち／大正二年生まれ。県立千葉中から東京高等師範学校へと進む。卒業後は東京体育専門学校助教授を経て、昭和二十八年より千葉県警察学校剣道師範となり、以後、警察で剣道を指導した。元千葉県剣道連盟副会長。昭和四十九年逝去、享年六十歳。剣道範士八段（前列右端が糸賀範士）

稽古に臨む心がけの話

細かい身体の使い方などは後述するとして、ここでは稽古に臨む心がけについてお話しておこうと思います。この話が少しでも上達のきっかけになれば幸いです。

稽古というものは、同じレベルの者同士が切磋琢磨することも大事ですが、上手の先生に掛かる時の心がけが非常に大切です。上手の先生との稽古では余裕がないのが普通です。攻めが強く、主導権は取られっぱなし、打っては返され居着けば打たれる、このやりとりが延々と繰り返されます。

そのような状況の中で、下手の者はどのような意識で対すればよいのか。私は自身の動揺の度合を一つの目安として、上手の先生との稽古に臨むのが良いのではないかと思います。上手の先生を打つことなど到底叶わない、しかし、大きな重圧の中でどれだけ動揺することなく技へとつなげられるか、これが重要です。

自分が納得のいく捨て切った技がどれだけ出せるか。何度も上手の先生に稽古をいただく中で、一本でもそんな技を出すことができれば、あとはその技が出た状況を再びつくり出すよう努力し、積み重ねていけばよいのです。上手の先生は、必ず相手を引き立てようとしてくれています。もしかしたら会心の一本が決まる場面もあるかもしれません。それが本当に実力で打ったものなのか、それとも先生が打たせてくれたものなのかは分かりませんが、そ

第二十四回明治村剣道大会。心技ともに優れた八段剣士を集めて行なわれる本大会において、忍足範士は素早いさばき、鋭い攻めで他を圧倒。２位入賞を果たした（写真は有馬光男選手との決勝戦、右が忍足範士）

の感覚を大事にし、日々の稽古を積み重ねていけば、いずれ上達を実感する時がくるでしょう。私はそれが生涯にわたって成長することのできる剣道の良さだと思っています。

さばきを学ぶ上でもっとも重要なのは体勢を崩さないこと。そうすることで、つねに気力の充実した構えを維持することができる

どこに移動しても崩れない足構えを身につける

さばきを語る上でまず挙げておかなければならないのが足構えです。体の運用は下半身が基本であり、正しい足構えを維持して動いていれば上体がぶれることもありません。左右のさばきを習得する一歩目として、自分の足構えを見直すところからはじめてみると良いでしょう。

基本の足構えについては『剣道指導要領』などにも規定がありますが、人それぞれ、体格や身体能力によって調整をし、自分に合ったものを見つけなければなりません。ポイントは無理のないさばきができるかどうかです。極端に足幅が広かったり狭かったりしては瞬時に体をさばくことができないので、やはり基本の足構えから若干の修正で止めておくべきだと思います。

足さばきには「送り足」「歩み足」「継ぎ足」「開き足」の四種類がありますが、どの足さばきにしても、最終的には基本の足構えに戻ります。とくに左足の引きつけは重要で、右足を動かしたら必ず左足を引きつけ、体勢の崩れをできるだけ少なくすべきです。昨今はとくに「跳ね足（打突時に左足が上方へ跳ねてしまうこと）」をよく見受けるので、左足の引きつけがおろそかになっていないかどうか、今一度見直しておきましょう。

前後の足さばき

右足が出た分だけ左足を素早く引きつけ、つねに基本の足構えを維持する

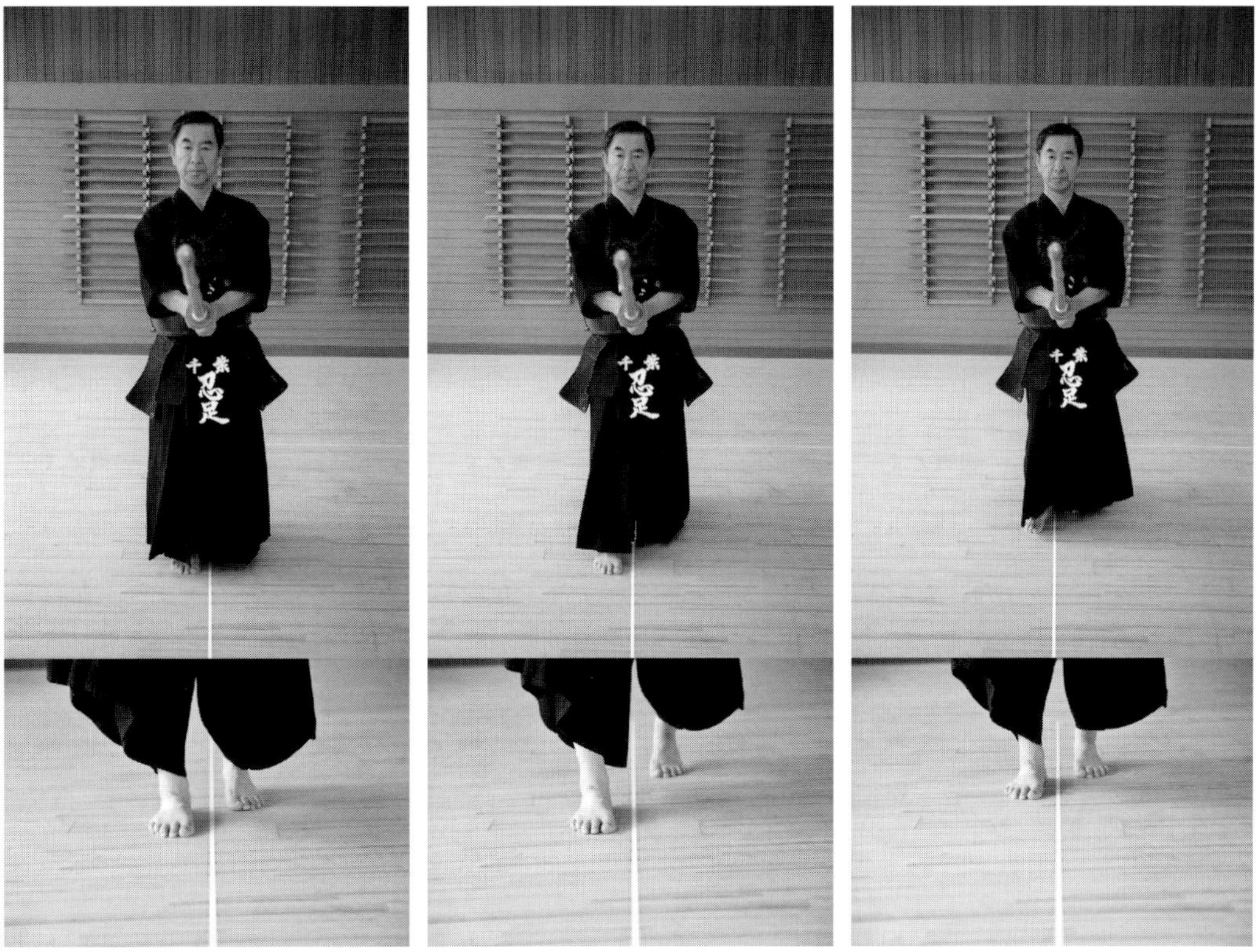

左右の足さばき

前後の足さばきと同じく、右足が出た分だけ左足を引きつける。重心が偏らないよう注意する

相手を崩すだけでなく、自分が崩れないことにも重点を置く

正しい足構えを理解し、基本の足さばきを習得したら、次は足さばきから攻め、そして打突までを途切れることなく行なえるようにします。

実戦において大事なのは、自分を崩さないことです。相手を崩す、もしくは打つことばかりに意識がいってしまうと、せっかくこちらの攻めが利いていたとしても、いざ打突の好機が見えた時に体勢が整っておらず技が出せない、ということになってしまいます。打突の好機はほんの一瞬です。その瞬間を逃さないためにも、相手を崩すだけでなく、自分を崩さないことにも重点を置いて稽古に臨むようにしましょう。

昨今の剣道は一本打ちの技ばかりが目立っているように思います。たしかに相手のわずかな隙も見逃さず一本で決めるというのは、剣道の大きな目標の一つでもあります。しかし、多くの方は経験から、なかなかそううまくはいかないことを知っているはず

左足の引きつけをしっかりと行ない、まずは自分が崩れないことを心がける

体勢の崩れがなければ、二の技、三の技とつなぐことができる

です。もし一つ目の技が決まらなかった場合には、二の技、三の技と連続して攻める。連続技は左足をしっかりと引きつけ、正しい姿勢を維持していなければなりませんので、そういった意味でも体勢の崩れは厳に戒めておくべきです。

側面正対で相手の剣先を外し、自分に有利な状態をつくり出す

左右の攻めを習得する場合に、覚えておきたいのが「側面正対」の教えです。側面正対とはわずかに角度をつけて相手の中心を制することで、相手の剣先はこちらの正中線から外れ、こちらの剣先は相手の中心を取ることができます。

この側面正対の教えは、とくに体格によるハンデがある人に有効です。お互いが正面からぶつかり合うと、多くの場合は体格に勝る人が先手を取ります。パワーにしろ、懐の深さにしろ、どうしても体格で劣る人に不利が生じます。しかし、左右のさばきを意識し、この側面正対を実践すれば、その不利をはねのけることができます。

方法としては、相手に気づかれない程度の微妙な角度で体をさばき、鎬を使って中心を制します。表の場合は身体を左に、裏の

側面正対で表から攻める

相手の攻めをいなすかたちで、足を右にさばきつつわずかに身体を左にひねる。その時、鎬を使って相手の竹刀に乗り返す

側面正対で裏から攻める

攻め合いの中から、足を左にさばきつつ剣先を裏にまわす。右足をわずかに前へ出しながら引きつけ、鎬を使って相手の竹刀に乗り返す

場合は身体を右にひねるような意識です。

また、剣先の動きを利用し、上下の攻めで相手の出方をうかがうのも効果的です。上を攻めれば手元が浮きますし、下を攻めれば面が空きます。側面正対による表裏の攻めを基本とし、上下の攻めで拍子を変える。これらの攻めが重なり合った時、打突の好機が見えてきます。

よどみのないさばきで仕掛けて打つ

ではここからは、実際に左右のさばきを使った攻めと打突について解説していきたいと思います。

まず仕掛け技についてですが、仕掛け技はさばきながらの攻めと打突をよどみなく行なうことが肝要です。よどみというのは居着きや攻めと打突が途切れる瞬間のことですが、よどみがあるとせっかく攻めが利いていても、その一瞬を相手に打たれる危険性

表から面
側面正対で身体をわずかに左へとひねり、相手の竹刀を制して面を打つ

裏から面
左足を左斜め前に出しつつ剣先を裏にまわし、右足をさらに前へと出して一気に間を詰め面を打つ

があります。よどみはできる限り少なくしていかなければなりません。

ここでは仕掛け技の例として、表裏の攻めからの面技を紹介します。まず表からの攻めですが、側面正対で身体をわずかに左へとひねり、相手の竹刀を抑え込んで面を打ちます。左足を引きつけると同時に相手の竹刀を鎬で制しておくことがポイントとなります。

続いては裏からの攻めです。裏から攻める場合は、剣先を利かせて下から攻めておくと、相手も隙ができやすくなります。左足を左斜め前に出しつつ剣先を裏にまわし、右足はさらに前に出して間を詰めながら一気に相手の懐へと入ります。竹刀は相手の竹刀をすり上げるように振りかぶり、そのまま空いた面を打ちます。

足の置き場を研究し、無駄のないさばきで自在に打つ

左右のさばきを習得することで、前後左右斜めと自在のさばきで相手を攻め、打突することができます。

さばきを学ぶ上で研究しておきたいのが、さばいた後の足を置く位置です。ある程度足の置き場を意識しておくことによって、無駄なく正しい姿勢を維持したまま、体をさばくことができます。ここでは「面すり上げ面」「出小手」「面返し胴」の三種類の技を紹介しますが、それぞれ稽古の中で自分にあった足の位置を確認しておくと良いでしょう。

面すり上げ面のポイントは、右足をやや右斜め前に出しながら相手の竹刀をすり上げます。小さく鋭く打つことが求められるので、さばきに無駄がないよう、さばいた後の足の位置を普段の稽古で確認しておきます。

出小手で重要になるのは、右足を踏み出す位置です。まっすぐ踏み込んでいくと、自分から見て裏にある小手を打つことが難しくなります。相手の右足の前に自分の右足を出すつもりで踏み込んでいくと、竹刀をまっすぐ振り下ろしたところが打突部位になります。

面返し胴は、少々複雑な横のさばきが必要になります。面すり上げ面と同じように、相手の面に対して右足をやや右斜め前に出しながら受け、左足を引きつけることで一挙動で胴を打ちます。そうすることで、相手との間合が詰まることなく、物打ちで部位を打突することができます。竹刀操作はできるだけ身幅で行ない、小さく鋭く返すことを心がけましょう。

面すり上げ面

相手の面に対し、右足をやや右斜め前に出しながら相手の竹刀を表鎬ですり上げ、左足を引きつけつつ面を打つ

面返し胴
剣先を緩めて相手をさそい、面に出てきたところを表鎬で受けて胴に返す。技を受ける時は右足をやや右斜め前に出し、左足を引きつけると同時に一挙動で胴を打つ

出小手
攻め合いの中から相手を引き出し、相手の右足の前に自分の右足を出すつもりで小手を打つ

剣道極意授けます

小坂達明の指導書には載っていない　上手な手首の使い方

ポンと打つ、パンと返す。擬音に隠されて実相が見えないのが手首の使い方。手首を返す時にはどうすればよいのか。冴えのある打突を生み出す手首の使い方とは。小手の名手として知られる小坂達明範士（大阪府警名誉師範）が、上手な手首の使い方を解説する——。

小坂達明範士

こさか・たつあき／昭和二十三年岡山県生まれ。県立鏡野高校から大阪府警へと進み、中心選手として活躍を果たす。全日本選手権大会二位二回、世界選手権大会個人二位など選手として輝かしい実績を残し、現役を退いてからは指導者として後進の育成にあたる。平成二十年退職、大阪府警名誉師範。現在、大阪市立大学、城星学園師範。剣道範士八段

手首の使い方を知ることで、打突に一体感と冴えが生まれる

剣道において、手首を上手に使うことの利点とはなんでしょう。まず連想されるのは「冴え」でしょうか。たしかに、冴えのある打突を生み出す要因の一つとして、手首は重要です。しかし、手首が上手に使えたからといって、すべての打突に冴えが生まれるわけではありません。

冴えのある打突とは、竹刀と左手（左腕）の一体感により生まれると私は考えています。肩から剣先に至るまで、一体感を持った振り方ができれば、おのずと打突に冴えが生まれます。そう考えると、ちょうど中継地点となる手首が重要になるのは自明の理でしょう。

では、どのように手首を使うか。これは、手首の使い方だけを考えていても答えはでません。大事になるのは「手の内」です。正しい手の内の作用を習得することによって、手の内と連動して手首も上手に使えるようになります。ですから、今回は手の内を中心に解説していくことになるかと思います。

三つの手の内の話

剣道の教えの中で、「茶巾しぼり」というものがあります。これは打突時における手の内の作用を表現したものですが、誤って理解されているのか、構えている時からしぼるように竹刀を握っている方がいるようです。これでは手首が死んでしまい、打突に冴えが生まれません。手の内は大きく分けて、構えた時の手の内、打突時の手の内、打突後の手の内があります。これら三つの手の内をうまく使いわけることで、打突に冴えを生み出すのです。

構えた時の手の内は「小鳥を包むように」、あるいは「鶏卵を持つように」と表現されます。柔らかく竹刀を握ることで、自分から攻める場合にも、相手に攻め込まれた場合にも、臨機応変の対応ができます。ただし、柔らかくとは言っても「虎口」には注意を払っておかねばなりません。虎口とは、親指と人差し指の間を指します。柔らかく竹刀を握る中でも、虎口にはしっかりと竹刀を収めておく。そうすることで、剣先のぶれがなくなります。

高野佐三郎先生や山田次朗吉先生、中山博道先生など、大家の

先生方の構えを写真で見ると、それぞれ独自の握り方をしていたようです。私は高野先生の言われる「小指半掛け」を実践しています。柄頭を左手の小指半分で包むように持つと、手の甲に緊張

小林三留範士

こばやし・みつる／昭和十二年岡山県生まれ、七十六歳。岡山県立鏡野高校を卒業後、大阪府警へと進む。現役時代には、全日本選手権大会三位、世界選手権大会団体・個人優勝、全国警察官大会団体・個人優勝など、輝かしい活躍を遂げる。八段昇段後、明治村剣道大会で二度の優勝。小坂範士とは実の兄弟。剣道範士八段

感が生まれ、前腕の下筋に張りが出ます。剣道はこの下筋が利けば利くほど、打突に一体感が生まれます。肩から上腕、肘、前腕、手首、そして小指に至るまで、一つのつながりを意識することが重要です。

次に打突時の手の内ですが、手の内の作用は前述したとおり、茶巾しぼりをイメージします。打突の瞬間、中指、薬指、小指の三本指にしっかりと力を入れます。

打突時の手首に注目すれば、右手は押し手、左手は引き手として使います。打突に冴えを生む最大のポイントは、この押し手と引き手によるテコの原理です。打突の瞬間に、両手の中指、薬指、小指に力を入れ、右手は前に押し出し、左手は手前に引きます。この動作が速ければ速いほど、左手を力点、右手を支点として、作用点となる剣先が速く動きます。このスピードが、剣道で言うところのいわゆる「冴え」となります。

そして打突後の手の内ですが、これはいかに素早く、構えた時の手の内に戻すかです。剣道の目的は相手から有効打突を奪うことにあります。一つの技で決まるに越したことはありませんが、なかなかそうはいかないのが現実でしょう。相手の隙につけこんで、二段、三段と技を出していくには、一度手の内を緩め、元の状態に戻す必要があります。素早く元の状態に戻れば、相手が体勢を立て直す前に打つことも可能になります。

手首で鎬をあやつる話

みなさんも稽古の中で、上手の先生方が体力や跳躍力に勝る若手を打っている姿を見たことがあるでしょう。普通のスポーツであればこんなことはありえませんが、剣道においては日常茶飯事です。なぜそんなことが起こり得るのか、ここにも手の内と手首の作用が関係しています。

相手に先んじて打突部位をとらえるために重要なのは、動き出しの早さではありません。先ほど言ったような手の内の作用により、剣先をいかに速く動かすか、ここがポイントです。たとえば、日本一速い面を打つと言われる高鍋進選手。彼は決して動き出しが早いわけではありません。端正な構えから剣先の攻めで相手を引き出し、溜めて一気に相手を打ちます。よほど手の内が良いのでしょう。剣先の動きが遅ければ、いくら早く動き出したとしても相手に乗られてしまいます。上手の先生方は、機会と手の内の作用によってスピードの差を補っているのです。

そしてもう一つ、相手に先んじて打つために重要となるのが「鎬」です。上手の先生方は鎬を巧みに使い、相手の力を殺す、あるいは利用して自身の技を成立させています。

鎬を使った攻めには、手の内と手首が大きな役割を担っています。たとえば相手の攻めを制する場合、上手の先生方は手の内の作用でわずかに剣先を動かし、最小限の動きで中心をとります。相手の打突に対し手元をあげて受ければ、守ることはできるかもしれませんが、有効打突にはつながりません。剣道は正中線の取り合いです。正中線をとっていれば打たれることはありませんし、相手の技をすり上げる、返すなどすぐさま攻撃に転じることもできます。この微妙な手の内の作用を体得できれば、剣道の幅は大きく広がるでしょう。

武専（大日本武徳会武道専門学校）を卒業された先生方は、鎬を使って相手をさばくことに非常に長けていました。私は大阪修道館で長谷川壽先生や斉藤正利先生などにご指導いただきましたが、先生方に稽古をいただくと、剣先の働きでわずかに中心を外され、打突に出ることができません。現在、私は清風高校の朝稽古で指導にあたっていますが、西善延先生や賀来俊彦先生も、鎬の使い方が絶妙でした。鎬というのは、剣の道を極める過程で避けては通れないものなのでしょう。鎬を巧みに使う術を身につければ、年齢を重ね体力が衰えても、剣道がますます奥深いものになっていきます。それが剣道の妙味でもあります。

大事な攻めの話

剣道においてもっとも重要である「攻め」の要諦について、少しお話ししておこうと思います。

剣道における攻めとは、相手との関係において有利に試合を展開すること、なおかつ、有効打突まで結びつくことが前提として求められます。攻めのための攻めではなく、一本をとるための攻めでなくてはなりません。理想は攻めと守りが一体となった、攻防一致の剣道です。

自分にとって有利に試合を展開するには、主導権をとることが重要です。主導権をとるには、先をかけて攻め、精神的にも肉体的にも相手を追い詰めていく必要があります。まずは、出れば打つ、退がれば打つという、気持ちの面で先をとること。それから、いわゆる「三殺法」を実践し、「気を殺し、剣を殺し、技を殺す」ことで、具体的に攻めをかたち作っていきます。

正しい攻めを身につけるためのポイントは、「先」であり、「間合の取り方」であり、「懸待一致」です。最初から最後まで相手を押し込んでいくような剣道が、一番求められるところでしょう。武専を卒業された先生方はみな、構えた位置から退くことを好まなかったと聞きます。私も現在、そんな稽古を求めているところです。

私が剣道をはじめてから、いまでも目標にしているのは兄である小林三留先生（範士八段）です。小林先生は武専の先生方と同じく、ほとんど退がることがありません。相手が出てくれば剣先で制し、退けば追い込んで打ちます。何年か前、武専を卒業された先生が小林先生の稽古を見て、「小林くんの稽古が武専の稽古や」と言ったのを耳にしたことがあります。最高のお手本とも言える先生がすぐ近くにいるのは、大変ありがたいことです。よく「十年先を見て稽古をしろ」と言われますが、私と小林先生は十一歳の差があります。今から十年経って小林先生のような稽古ができるか、それが私にとっての指針となっています。

理合を求める話

私が現役の頃は、昨今のように技の解説を具体的にされる先生はいらっしゃいませんでした。あんな技が打ちたい、こんな技を身につけたい、そう思ったら見て盗むしかなかったのです。剣道は「自得」を根幹とする武道です。『猫之妙術』にも、「師は其の業を伝へ、其の理を暁すのみ。其の真を知ることは、我にあり。是を自得と云」とありますが、まさにそういうことです。

打突に冴えがないのは、理に適った竹刀の振り方をしていないのが大きな原因でしょう。理合の裏づけがない技は、いつか壁にぶつかります。剣道はどこまで行っても理合を求めていかなければならないのです。

虎口を決めて剣先のぶれをなくす

竹刀の握り方は昔から言われているとおり、「小鳥を包むように」「鶏卵を持つように」柔らかく握ります。ここで注目しておきたいのが虎口です。虎口とは親指と人差し指の間を指します。

ここに隙間ができてしまうと、竹刀操作の際に剣先にぶれが生じてしまいます。

虎口を意識した握りを実践するためには、まず親指と人差し指だけで竹刀を握ってみましょう。この時、虎口に竹刀がしっかりと収まるように心がけます。そして、そのまま残りの三本の指で竹刀を包みます。

虎口（親指と人差し指の間）にしっかりと竹刀を収めると剣先がブレない

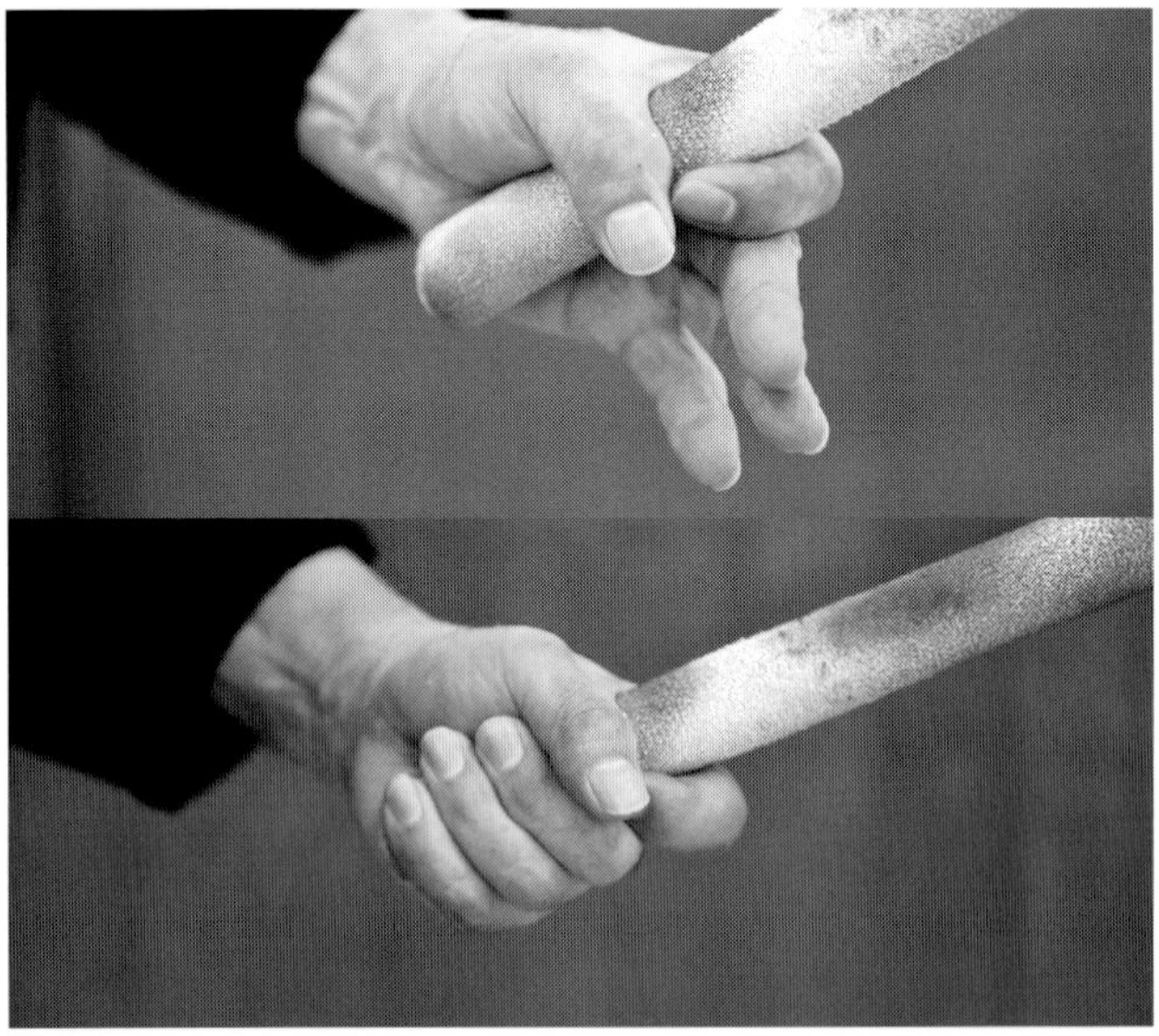

握り方のポイントは、まず親指と人差し指で竹刀を握り虎口を決める。その後、残り三本の指で竹刀を包む。指と竹刀ができるだけたくさん触れるよう心がける

柄頭を左手の小指半分で包むように握ると、手の甲に緊張感が生まれ、前腕の下筋に張りが出る。下筋に張りが出ることで、打突に一体感が生まれる

竹刀を柔らかく握るとは言っても、あまりに力を抜きすぎてはよくありません。意識としては、指と竹刀ができるだけたくさん触れるようにします。

私が実践している握り方に「小指半掛け」があります。これは高野佐三郎先生の教えですが、柄頭を左手の小指半分で包むように握ります。小指に力が入ると手の甲に緊張感が生まれ、前腕の下筋に張りが出ます。剣道においてはこの下筋が大変重要で、下筋が利けば利くほど、肩から剣先まで一つのつながりが生まれ、打突に一体感が出ます。

押し手と引き手を意識し、テコの原理で剣先を速く動かす

打突に冴えを生み出すには、いかに剣先を速く動かすかを考えなければなりません。剣先にスピードが乗れば打突力も上がり、いわゆる「冴え」が出てきます。

剣先を速く動かすには、テコの原理を応用すると良いかと思います。右手を支点とし、左手を力点、剣先を作用点と考えます。作用点である剣先を動かすには、右手を押し出し、左手を手前に引く。このスピードが速ければ速いほど、剣先にも鋭さが出てきます。

そしてもう一つ意識しておきたいのが、手の内の作用です。やってみるとよく解りますが、虎口を決め、中指、薬指、小指の三本の指に力を入れると、自然と手首が動きます。この掌中の作用

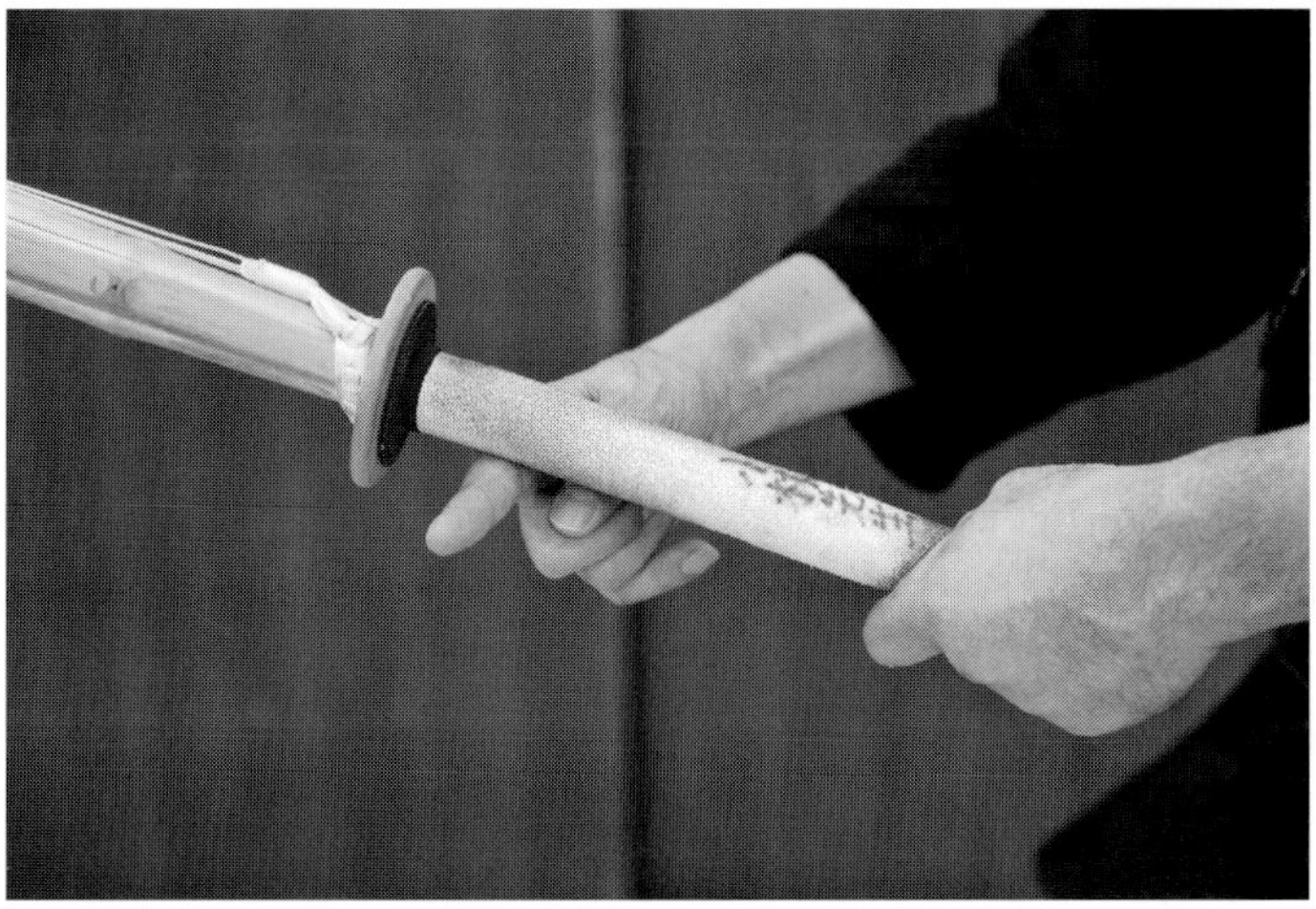

右手を支点として、テコの原理を利用する

押し手と引き手を意識し、剣先を速く動かす。打突の瞬間は中指、薬指、小指の三本の指に力を入れると、手首を使った鋭い打突になる

が、打突の瞬間の決めとなります。

テコの原理と掌中の作用、この二つの力によって、打突に冴えを生み出します。このように理屈に沿ったかたちで竹刀を振れば、刃筋が立たないといったこともありませんし、鎬を使った攻めや打突も習得しやすくなると思います。

前腕の下筋に張りを持たせ、肩から剣先まで一体感を持って振る

すでに説明していますが、冴えのある打突は竹刀と左手（左上）の一体感により生まれると私は考えています。小指半掛けで竹刀を握ることで、手の甲に緊張感が生まれ、前腕の下筋が張り、肩から剣先まで一つのつながりを感じることができます。

自分の竹刀の振り方に一体感があるかどうかを確認する方法として、私は左手一本で竹刀を振るということを行なっています。

左手一本で小手を打つ

小手は手首を柔軟に使い、竹刀が水平になる程度までしっかりと振り下ろす

左手一本で面を打つ

肩から剣先まで一つのつながりを感じながら、一体感を持って振る

右手の力を使わないことで、より一体感を感じることができます。
この素振りを行なう際に気をつけなければならないのは、面なら面、小手なら小手と、実際の打突と同じ軌道で振ることです。そして、手の内や手首の作用も意識して、しっかりと最後まで打ち切ります。

左手一本で振るのはむずかしいかもしれませんが、これができるようになると、実際に両手で握った時に無理無駄のないスムーズな振りができるようになります。

剣先をぶらさず、竹刀の身幅だけ上から乗って小手を打つ

ここからは、実際に私が技を出す時に心がけている手の内や手首の使い方について解説していこうと思います。

仕掛けて小手は私が得意としている技ですが、この技のポイントは竹刀の身幅だけ上から乗って打つことです。攻め合いの中で中心をとり、相手の剣先をこちらの正中線から外します。その時、相手はふたたび中心を取ろうと剣先を戻してくるので、すかさず竹刀を振り上げて小手を打ちます。竹刀の身幅だけというのは、振り上げる動作が大きくなれば相手に防ぐ時間を与えてしまいますし、動作が大きくなればなるほど、技にも無理や無駄が出てくるからです。

手の内と手首に注目してみると、まず攻め合いの中で中心をとる際には、わずかに手の内と手首を動かして、上から相手の竹刀に乗っていきます。ことさら強く相手を制する必要はありません。剣先をわずかに動かすだけで、充分相手の中心をとることができます。

打突の瞬間はテコの原理で剣先を速く動かし、手首を柔軟に使って竹刀が水平になる程度までしっかりと打ち切ります。剣先がぶれると相手に技が察知されやすいので、虎口にしっかりと竹刀を収めておきましょう。

仕掛けて小手

手の内と手首の作用で中心を制し、相手が中心を取り返そうと剣先を戻してきたところですかさず小手を打つ。手首を柔軟に使い、竹刀が水平になる程度までしっかりと打ち切る

手の内の強弱で鎬を巧みに使い、すり上げや返しなど応じて打つ

面すり上げ面は鎬の使い方がポイントです。相手を充分に引きつけ、技が出切った瞬間にすり上げます。日本剣道形五本目のようなイメージですが、この場合は相手も前に出てきているので、あまり大きくすり上げると成功しません。

技が成功するかどうかは、すり上げから振り下ろしまでのスピードにかかっています。押し手と引き手を意識し、できる限り速く剣先を動かしましょう。

上手に鎬を使うには、動作を必要最小限に留めることです。この技の場合は、手首をわずかに内側にひねるだけで相手の技をすり上げることができます。すり上げの動作が小さければ、その後の打突にすぐさま移行することができます。

小手すり上げ面は、裏鎬を使ったすり上げになります。こちら

面すり上げ面

手首をわずかに内側へとひねり、相手の面をすり上げて面を打つ。すり上げから振り下ろしまでを素早く行なう

小手すり上げ面

手首をわずかに外側へとひねり、相手の小手をすり上げて面を打つ。面をすり上げる時よりも手首に角度を持たせることで、確実に相手の小手を外す

は手首をわずかに外側へとひねり、相手の小手をすり上げます。面すり上げ面と同じく、あまり大きな動作ですり上げてしまうと打突までたどり着くことができません。すり上げと振り下ろしが一連の動作になるよう、剣先が半円を描くようにすり上げます。面をすり上げる時よりもわずかに角度を持たせることで、しっかりと相手の小手を外すことができます。

　面返し胴は、攻め合いの中で相手を誘い、面をすり上げる時よりも大きく手首を内側にひねって相手の面を受けます。相手が技に出てから受けるのでは動作が遅くなり、その後の胴技につながりません。相手を充分に引き出しておくことが肝要です。確実に相手の胴をとらえるためには、技を返したのちに押し手と引き手で、剣先を速く動かすようにします。

面返し胴

大きく手首を内側へとひねり、竹刀で相手の技を受ける。その後、すぐさま前腕を返して胴を打つ。押し手と引き手を意識し、剣先を速く動かすよう心がける本書は剣道時代特集「シリーズ極意さずけます」を一冊にまとめたものです。

【初出】

小林三留　剣道時代二〇一二年五月号
岩立三郎　剣道時代二〇一三年二月号
矢野博志　剣道時代二〇一一年一〇月号
太田忠徳　剣道時代二〇一二年二月号
小林英雄　剣道時代二〇一五年七月号
有馬光男　剣道時代二〇一四年二月号
渡邊哲也　剣道時代二〇一二年一〇月号
角　正武　剣道時代二〇一五年八月号
忍足　功　剣道時代二〇一三年一〇月号
小坂達明　剣道時代二〇一三年十一月号

剣道極意授《けんどうごくいさず》けます

発　行――令和7年2月28日　第1版第2刷発行
編　者――剣道時代編集部
発行者――手塚栄司
組　版――株式会社石山組版所
撮　影――徳江正之、西口邦彦
協　力――寺岡智之
編　集――株式会社小林事務所
発行所――株式会社体育とスポーツ出版社
〒135-0016 東京都江東区東陽2-2-20 3F
電話 03-6660-3131
FAX 03-6660-3132
http://www.taiiku-sports.co.jp
印刷所――三美印刷株式会社

ISBN978-4-88458-406-1　C3075 Printed in Japan